生命階段的慶典 禮儀中的歷史與哲學

×成人×婚嫁×社交×教育×喪葬

由傳統人生儀式至國家大典禮節
傳統禮儀的全貌

單銘磊 著

【具有學術的深度，又不失生活化的親和力】

古代禮儀強調階級，現代禮儀注重平等；
古代禮儀功能無限，現代禮儀重在交際；
古代禮儀與法相結合，現代禮儀乃自我約束……

不僅僅是介紹中國禮儀的書籍，更是一個文化的載體
豐富歷史故事和生活實例，全面了解多彩的禮儀文化

目錄

目錄

第三章　古之禮，承千載

第四章　傳統禮，伴一生

第五章　民俗禮，具情趣

目錄

第一章　不學禮，無以立

《論語．季氏篇第十六》中有個關於孔子和他兒子孔鯉的故事，說有一天孔子站在庭院裡，他的兒子孔鯉「趨而過庭」。什麼叫「趨」呢？「趨」就是小步快走，是表示恭敬的動作，在上級、長輩面前你走路要「趨」，低著頭快速地走過去，這叫「趨」。孔鯉看見父親孔子站在庭院裡，於是低頭「趨」，孔子說：「站住，學詩了嗎？」

「沒有。」

「不學詩何以言（你不學詩你怎麼會說話）？」

「是。」

「退而學詩。」

又一天，孔子又站在庭院裡，孔鯉又「趨而過庭」，孔子說：「站住，學禮了嗎？」

「還沒有」。

「不學禮何以立（不學禮你怎麼做人）？」

「是。」

「退而學禮。」

那麼，禮是什麼呢？

第一節　結識「禮儀」

「禮」的界定

在古漢字中，「禮」右邊部首的「豊」是由祭祀的器物與祭品構成的；左邊部首的「示」表示神靈。在漢字中，帶「示」部的字詞，與神靈密切相關，例如「祭」、「祀」、「神」、「社」等。

據許慎《說文解字》中說：「禮，履也。所以事神致福也。」這說明，禮的最初含義是供奉神明的儀式，或者說，禮起源於祭祀神靈，表達敬意並隆重舉行的祈福活動。

發展到現代，禮主要是指人與人之間、人與社會群體之間、社會群體與社會群體之間表示互相尊重、敬意、友善和情感的行為規範和儀式性流程等的總和，是禮貌、禮節等的集合體。

禮貌是禮的重要表現。通常具有兩個方面，即禮貌行為和禮貌語言。它要求人們在與人來往時應注意自己的儀容、儀態，力求做到儀容整潔、自然，儀表合宜、大方，儀態得體、適中；要求使用帶有敬意的詞語，如：「您」、「請」、「指教」等用語，說話和氣，不說髒話，聲音大小適中。

禮貌一詞最先出於《孟子．告子下》。

陳子問孟子：「古之君子，何如則仕？」孟子答道：「所就三，所去三。」

孟子在此講的是君子關於做官的去就之道。

國君來迎接你，能盡恭敬之心，又有禮貌，言行一致，則可以去做官。如果國君對你的禮貌雖然與從前一樣並未減少，但其言行已不一致，就該辭官。

其次，雖然國君言行不一致，但還是能來迎接你，能盡恭敬之心，對你有禮貌，還可以去做官。如果禮貌已經有損了，那你就應該離開。

最差的，是你早晚都沒有東西吃，餓得不能走出自己的住屋，國君知道了，便說：「我大者不能實行他的學說，又不聽從他的言論，使他在我國土上餓著肚皮，我引以為恥辱。」於是國君救濟你，這也可以接受，只是免於死亡罷了。

孟子在這裡已經表達了禮貌的基本意思，即待人時友好、恭敬的面色及其舉止。

禮節是禮貌的具體表現形式，是指人們在交際過程和日常生活中，相互表示尊重、友好、祝願、慰問以及給予必要的協助與照料的慣用形式。它是禮貌在言語、行為、儀態等方面更為具體而明確的規定和節度，是社會交往習俗和行為文明的重要組成部分。《禮記．儒行》中說：「禮節者，仁之貌也。」即「仁儒之外貌」。

在全世界，禮節有共性，更有特殊性，不同的民族都有自己的禮節。如中國古代的作揖、跪拜，南亞諸國的雙手合十，歐美國家的擁抱、親吻等，都是不同國家禮節的表現形式。從形式上看，禮節往往具有約定俗成或嚴格規定的程序儀式；從內容上看，它反映著一定道德原則和規範的要求，反映著人們對自己、他人和社會共同體的尊重、敬意和友善。

「儀」的界定

《荀子．君道》指出：「君者儀也，儀正而景正。」即人君好比豎立的木柱，只有木柱正影子才會正。儀，本義指豎立的木柱，引申為姿容、容貌、外表，意指表率、標準、準則，概括地說是指儀表、儀態、儀容、儀式和儀則等。

在中國，「儀」的概念在奴隸社會向封建社會轉型的春秋時期才提到，意即儀式、儀文。到了封建社會，「儀」又具有了容貌和外表、儀式和禮節、區分尊卑的準則和法度等含義，延至今日，「儀」作為人際交往中相互表示尊重、友好的具體形式，主要包括儀表、儀容、儀態、儀式和禮儀器物。

儀式則是禮的秩序形式，即為表示敬意或隆重而在一定場合舉行的、具有專門規範化的活動，如迎賓及商務活動中的簽字儀式等。

禮儀器物是指為表達敬意，寄託情意的一些物品，例如哈達、錦旗、獎盃、紀念勛章等。

「禮儀」的界定

禮儀含義較為廣泛，人們對之也有多種界定。有人認為禮儀是待人接物的準則。中國著名歷史學家范文瀾在《辭經概論》中認為：「禮儀合言，皆名為禮，分言之則禮為體，儀為履。」即禮是儀的根本，儀是禮的功用。

中國歷史上最早將禮與儀當作一個詞來使用，始見於《詩經·小雅·楚茨》：「為賓為客，獻酬交錯，禮儀卒度。」此處禮儀指賓客之間獻酬交錯的應對之道。《周禮·春官·肆師》說：「凡國之事，以佐宗伯。」此處禮儀指典章制度。

在社會實踐中，禮儀往往首先表現為一些不成文的風俗、習慣、規矩和傳統方式，然後才逐漸上升為人們所共同認可的，可以用語言、文字、動作進行準確描述和規定的行為準則，並成為人們有章可循、可以自覺學習和遵守的規範或程序。

第二節　認識「禮儀」

禮儀的特點

俗話說，「百里不同風，千里不同俗。」不同的文化背景產生不同的禮儀文化，不同地域文化決定著禮儀的不同內容和形式。如在數字的喜好和忌諱上，中國人喜歡的數字「八」，東南亞國家卻不喜歡；中國人認為很普通的數字「十三」，西方人卻忌諱。因此，社交活動中對來往對象的風俗習慣要了解、尊重，來往活動才能順利進行。

在禮的發展的源流中，禮儀文化的發展是一個重要內容，也是一個揚棄的過程，又是一個剔除糟粕、繼承精華的過程。

也正因為如此，禮儀才具有繼承性和連續性。一方面，禮儀文化的形式會發生變化；另一方面，傳統禮儀被賦予許多新鮮的內容。禮儀規範的這種發展性總是與時代精神密切地結合在一起，隨著時代的不斷進步，人類的禮儀規範必將更加文明、優雅、實用。

禮絕對不僅僅只是一種儀式或外在的形式，正如孔子所言：「禮云禮云，玉帛云乎哉？」禮究其本質而言，是人們對遵守道德的自覺意識。如果沒有發自內心的道德意識，人們就不會遵守禮的規範。因此，禮儀既是一種約定俗成的行為習慣，又是一種具有內在道德理性和道德情感的倫理精神及價值觀念，表達對人的尊重、敬意、關心與友善。

道德是禮儀的基礎，禮儀則是道德具體的表現形式，是為人處世的行為準則。在人際關係中，講道德就必須講禮儀，而講禮儀又反過來有助於講道德。只講道德，不講禮儀是嘴上文明；只講禮儀，不講道德是形式主義。

我們的古人就是以「禮」為立人的基礎，處處以「禮」行事。這種例子很多，比如明代文學家中有「三袁」之稱的袁宗道、袁宏道、袁中道袁氏三兄弟，他們年輕時一次因疏忽而造成的失禮被當作一件很嚴肅的事情處理，可見古人對「禮」的重視程度。

袁氏兄弟三人都考取了進士的那年，好消息轟動了鄉里。為此，袁家準備設宴邀請親朋師友，慶賀一番。按照常規的禮節，三人的老師應該被邀請，還要安排坐在首席。其中有一位是袁中道小時候的私塾老師，袁中道曾經在他的門下讀書，但不久就轉學了，所以大家對這位先生沒有什麼印象，在發請帖的時候就忘了發給他。

劉福錦本想趕來慶賀的，左等右等沒有見到請帖，就確定是袁家忘了他，很不高興。這時，周圍的一些人看到這情況，就故意乘機挖苦他，使他越來越不高興了。晚上，他在紙上寫下一句詩：「高塔入雲有一層。」裝在一個信封裡，簽上「啟蒙老師」幾個大字，派人送到了袁家。

袁中道接到來信，開啟一看，恍然想起自己遺忘的啟蒙老師，連忙對來人說：「學生失敬了，學生失敬了，請轉告先生，定當請罪！」等送信人走後，他立即請來兩個哥哥商量。三人一致決定再專門設宴恭請劉福錦，並準備邀請所有的長輩師長來作陪。

到了酒宴那天的早晨，袁中道拿出紙筆，接著劉福錦的那一句話續寫了這樣一首詩：「高塔入雲有一層，孔明不能自通神。一日為師終身父，謹請先生諒晚生。」將詩作為請帖，自己親自到劉福錦家去請他。

可老先生氣還未消，好說歹說就是不肯上轎。袁宗道和袁宏道兩兄弟在家裡等不到人，忙派人打聽，原來是劉福錦還在生氣，兩兄弟連忙趕到劉家，三人一起誠懇道地歉，這才感動了劉福錦，原諒袁中道的疏忽，坐著轎子到袁家赴宴。

這個故事在今天看起來有些小題大做，可是在當時人們覺得這是一件大事。因為人們覺得為人以禮是基本的行為規範，如果違背了這一點便很難在社會上立足。

故事一代代流傳下來，告訴人們無論什麼時代，禮敬的規範應永遠堅持下去。

禮儀的功能

古代禮儀的功能與現代禮儀的功能有所不同，古代禮儀強調階級，現代禮儀注重平等；古代禮儀與法相結合，現代禮儀乃自我約束；古代禮儀功能無限，現代禮儀重在交際。

在人際關係中，人們透過禮儀溝通彼此，互相了解，密切和昇華情感，實現人際之間資訊的共享和情感的交流，使人的社會生活豐富多彩。

禮儀崇尚投桃報李、有來有往，而這本身即是一種溝通。人作為有理性的社會存在物，自會懂得「愛人者，人恆愛之；敬人者，人恆敬之」的道理，自會在人際關係中產生共振、共鳴的心理現象，導致以心換心、心心相印的溝通效應。

如果人們能自覺地按照禮儀的規範去行為，就將受到讚許和肯定；反之則將受到譴責和抨擊。

中國歷代帝王推崇「以孝治天下」，目的是透過提倡尊老尚齒的風氣來達到治國，在日常生活中和國家制度中處處體現尊老敬老優老的思想，以禮儀的形式得以滲透、傳承與發揚。如每年春、秋季節舉行的鄉飲酒禮和十二月大臘祭時舉行的鄉飲酒禮等，都是以尊老尚齒為宗旨的禮儀，對百姓造成了很好的教化作用。

中國禮儀很講究「自律」，即自己約束自己，自己教育自己。孔子最著名的一句話就是：「克己復禮」。「克己復禮為仁」這句話出自《論語》中的《顏淵》一章：顏淵問仁。這裡的「克己」就是嚴格要求自己，實際上是修己，制約自己。「復」的意思，就是回復禮制。

禮儀可以幫助人們塑造一個整體形象，包括外在和內在的形象。外在的形象是表現出來的言談舉止、行為服飾等視覺形象，內在的形象則是人品、格調、氣質、風度等人格形象。前者是表現性的，後者則是描述性的，前者表現後者，而後者更能夠深刻地影響前者。

在古代，女子穿裙子主要是為了講究禮節，而不是為了展示自身的嫵媚和俏麗。明朝李漁在《閒情偶寄》中寫道：「婦人之異於男子，全在下體。男子生而願為之有室，其所以為室者，只有幾希之間，掩藏祕器，愛護家珍，全在羅裙幾幅。」

古人對於女子的下體有著強烈的神祕感和神聖感，並強調女子以裙子遮掩下體，否則，就會被認為是輕薄和無恥。不論是年老的還是年輕的女子，只要結婚成家，就要經常規規矩矩地穿著整齊的裙子，即使在家裡也要如此。如果客人來訪，遇到主婦沒有穿裙子，就會被認為是對客人的不敬和失禮，傳揚出去會遭到恥笑和白眼。

第二章　禮之源，天地始

第一節　天經地義的禮

《左傳》說：「大禮，天之經也，地之義也，民之行也。」說的就是禮是天經地義，天地之性，生化六氣，敷演八行，呈現各種聲音顏色。禮成為大自然的秩序和規律，也成為最高的自然法則。為了防止人們因淫亂失去個性，所以必須制定禮儀來加以約束。

禮儀的起源有五種說法。一是天神生禮，二是禮是天地人的統一體現，三是禮起源於人類的自然本性，四是人性與自然環境的調和，五是禮起於俗。

「天神生禮說」，這是人們還沒有了解到禮儀的真正起源時的一種信仰說教，是神崇拜的反映，代表了人類圖騰崇拜時期對原始禮儀的一種認知。《左傳》有言：「禮以順天，天之道也。」意思說，禮是用來順乎天意的，而順乎天意的禮就合乎「天道」。「天神生禮說」雖然不科學，但卻反映了禮儀起源的某些歷史現象。

「禮是天地人的統一體現說」，這種觀點是春秋以後興起的一股思潮所致。它認為，天地與人既有制約關係和統一性，又具有高於人事的主宰性。把禮引進到人際關係中來討論，比單純的「天神生禮說」有了很大進步，但仍沒有擺脫原始信仰，所以仍是不科學的。

「禮起源於人類的自然本性說」，這是儒家的創見，儒家學派把禮和人性結合起來，認為禮起源於人的天性。孔子以仁釋禮，一方面把禮作為處理人際關係的總則，另一方面把仁當作禮的心理依據。克己以愛人，就是仁；用仁愛之心正確而恰當地處理好人際關係，就是禮。

「禮是人性和自然環境的調和說」，這一學說的目的在於解決人和環境的矛盾。孔子「克己復禮」的觀點，就是看了人和環境的矛盾，而解決這種矛盾的方法是「克己」。人的好惡欲望如不加以節制，什麼壞事都做得出來，於是聖人制禮，節制貪欲。

事物的禮落到實處，使之與世故習俗相關，所以又有了禮起源於俗的說法。荀子說：「禮以順民心為本……順人心者皆禮也。」從理和俗上說明禮的起源。

歸結上述說法，可以認為是「禮」先於「儀」，禮起源於對自然的崇拜，大自然的一切被賦予了靈性和神聖，所以先民們透過禮來體現對大自然的虔誠，也透過禮來進行教化統領大眾。

第二節　從神到人的禮

在原始社會，山川草木以及鳥獸蟲魚，都有著一種神聖的色彩，可以說它們是一種崇拜對象。人們藉助這些崇拜對象表現出原始的禮儀。

中國有文字記載的禮儀歷史可以追溯到五千年前。在中國歷史博物館，就收藏有出土於一九五三年東郊半坡村遺址的一個人面魚紋彩陶盆。這個泥質紅陶製成的半坡文化代表物，它的內壁繪製對稱排列的兩幅人面紋和單魚紋，有著很獨特的含義。專家認為，這體現當時的原始禮制生活，反映了當時的神話傳說，也是一種漁獵儀式，寄寓著祈求豐收的願望，實際上體現了一種圖騰崇拜。

圖騰在英文中叫 Totem，實際上象徵著原始部落自己的祖先親屬保護神。原始人因為生產力比較落後，就以一些動植物以及山川河流等作為部落和氏族的徽記，受到崇拜的圖騰事物會化為神靈保佑部落。一些部落對圖騰動物禁殺禁捕，並且禁止觸碰及注視，也不能說圖騰的名字，如圖騰動物死去了，就要說是睡著了，依照人類的儀式來安排葬禮。

也有些民族認為圖騰動物是可以吃的，相信吃了圖騰動物，能把牠們的神威轉到自己的身上，當然在吃的時候要行使應有的禮儀形式，懇求圖騰動物和自己的祖先寬恕自己。比如熊是鄂溫克族的食物來源，鄂溫克族人打到熊後，要說牠睡了，吃熊肉的時候要學烏鴉的叫聲，說是烏鴉吃的。另外對熊的骨架按照人一樣舉行葬禮儀式。

圖騰的產生，體現了古代禮儀的一個發展形式。之後隨著歲月的延伸，禮從敬神轉向了敬人，人們把日常來往的活動儀式也叫禮，如婚禮、壽禮、飲食宴禮、飲酒禮等，這就形成了從神到人的禮。人們禮尚往來、饋贈財物叫禮，如賀禮；禮遇人家也叫禮賢下士。

禮尚往來就是一種禮貌禮節。《禮記》中的《曲禮》說：「道德仁義，非禮不成。教訓正俗，非禮不備。分爭辯訟，非禮不決。君臣上下，父子兄弟，非禮不定。宦學事師，非禮不親……是以君子恭敬撙節退讓以明禮。」人類行為之規範也叫禮，於是禮就有了政治上的含義。

第三節　龍鳳天子的禮

鳳凰

《禮記．禮運》中說到麟、鳳、龜、龍，謂之四靈，作為圖騰而受到古人的崇拜。動物圖騰中延續最久的，還是龍鳳。

《爾雅》中說，「鳳其雌黃」，根據郭璞的註解，鳳凰是「雞頭，蛇頸，燕頷，龜背，五彩色，高六尺許。」可以推測，鳳凰與孔雀相似，是以孔雀為原型。有些人認為它是屬於雉類，雉類善良又勇猛，這種特質融合在鳳凰的形象之中，自然而然成為古祥的象徵。

《韓詩外傳》裡有一個故事，說的就是黃帝也是崇拜鳳凰。黃帝即位的時候，給百姓施於恩惠。他仁厚待人，世界一片和平，但沒有見到風皇（鳳凰），就構思鳳凰的形象。因此召喚天老（巫師），問他鳳凰的形象到底是什麼樣子。天老回答說，鳳凰有鴻的翅膀，麒麟的臀，魚的尾巴，蛇的頸，有龍紋，龜的軀體，有燕子的頷，有雞的尖喙，伸長頭頸、展開翅膀，五彩繽紛，鳴動八風，氣應時雨。

因此，黃帝就穿著黃衣戴著黃冠，齋戒宮中，許多鳳凰果然翩然而至，伸出翅膀遮擋住陽光。黃帝起身，降於東階，往西面再拜。稽首道：「這是皇天降下的福祉，我不能不接受上天的垂命。」於是鳳凰就住在黃帝的東園裡，棲息在梧桐上。

《山海經．圖贊》說鳳凰有五種象字紋：「首文曰德，翼文曰順，背文曰義，腹文曰信，膺文曰仁。」鳳凰種類繁多，因種類的不同其象徵也不同。傳說中共有五類，分別是赤色的朱雀、青色的青鸞、黃色的鵷、白色的鴻鵠和紫色的鸑鷟。

中國上古神話把鳳凰稱為不死鳥，代表著吉祥，雄為鳳，雌為凰，壽命為五百歲，臨死的時候，銜來香木，在火中自焚，火滅後，自然復生。

傳說殷商始祖啟的母親簡狄在戶外洗澡的時候，吃了玄鳥的蛋，於是懷孕生下了啟。啟幫助大禹治水，立下了汗馬功勞，後來建立了商。大禹治水成功後，在慶賀的典禮上，鳳凰率領百鳥一起歌舞。所謂「《簫韶》九成，鳳皇來儀。」這裡的儀，也就是跳舞的意思，在古禮中，音樂舞蹈是不可缺少的，《山海經》中說：「鳳凰自飲自食，自歌自舞，見則天下安寧。」

龍

在禮中另一地位尊貴的圖騰就是龍。《說文》中說，「龍，鱗蟲之長，能幽能明，能大能小、能短能長，春分而登天，秋分而入淵。」

在金文和甲骨義的表述上，龍具有長吻、生耳或角，蜷曲身軀，有一足或兩足，披鱗，如鱷魚。

到了漢代，龍就變得頭大尾小，長嘴巴，上唇較下唇長，鼻頭隆起或向上翻起，腦袋如馬，爪子如鳥，耳朵如牛，尾巴如豹。

魏晉時期，有牛頭、象鼻、鹿角、馬鬃、麟身、蛇軀、魚尾、鷹爪等龍形描述，基本定型。它能在水中游地上走天上飛，海陸空全能，能呼風喚雨，能打雷閃電。

饕餮和夔只是龍的另一種變體，據說一足的龍叫做夔龍，有鱗的叫做蛟龍，而有翅膀的叫做應龍，虯龍是有角的，魚龍是龍頭魚身的。

「龍」從遠古起就作為人們頂禮膜拜的圖騰，這一點從文字的演變可看出來。甲骨文龍字從辛字頭，從蟠曲之體，為會意兼象形之字。「辛」字像棘刺之形，義為「鐵腕手段」，引申義為「威權」。

甲骨文龍上為「辛」中龍頭下龍角或龍嘴龍頭接S形龍身(動物象形文是側面象)。楷書繁體的龍字左為「立肉」，右為折角的「S」形，或看作大致的「弓」形。「立」為「辛」省略，與「帝」字頭同源，表「威權」之義。右邊的弓形表示「形體蟠曲」，上為頭，下為尾，中有等距排列的橫道，象徵性地表示「鱗片肢爪」。

篆文的龍字左為「辛肉」，右為「鱗蟲蟠曲之形」。左半邊「辛」指「威權」，「肉」指「實體」，「辛」與「肉」聯合起來表示「威權實體」。右半邊則呈現出蛇身左彎右曲的扭擺游移動作。

龍是最權威的象徵，中國的皇帝總把自己比為真龍天子，又派生出龍庭、龍椅、龍床、龍顏、龍袍、龍輦等。

第四節　紋身與岩畫的禮

談及紋身，就要說到一個人，泰伯。

泰伯也叫做太伯，是周太王古公的大兒子，他有兩個弟弟仲雍和季歷。按照舊的禮制，泰伯是長子，可以繼承王位，但太王去世後，他和仲雍還是把王位讓給了三弟季歷，自己到吳地一帶隱居去了，斷髮紋身。當時人們認為泰伯紋身，損害自己的身體，身體髮膚受之父母，不應得到損傷，但孔子還是給予大力的褒揚。

泰伯後來就成了吳國的祖先。吳地紋身的習俗，於是傳襲下來。《穀梁傳．哀公十三年》曰：「吳，狄夷之國，祝髮文（紋）身。」

「祝髮」也就是斷髮，剃短頭髮不戴冠，原因就是吳地潮溼水田勞作的緣故。

而「文身」，也就是在皮膚上，先用墨汁和其他的染料寫紋繪畫，趁著墨汁還沒乾的時候，用針灸破皮膚，讓墨汁滲透到皮膚下，然後洗掉墨汁，圖文也就永遠留在身體上了。這種紋身的習俗，也叫做扎青、點墨、刺青、刺文、文面、繡面等。

《禮記．王制》中說：「東方曰夷，被髮文身，有不火食者矣。」有註解說，泰伯與吳地百姓一樣，「文其身，以象龍子，故不見傷害。」所謂的龍子，也就是蛇，在先秦時期，吳地還是一片蠻荒地帶，人們紋身以蛇的形象，期望不受到水深或者水族的傷害。泰伯入鄉隨俗，同時教化禮俗。

在上古三代，有七支土著居住在福建，也叫做「七閩」。與吳地百姓一樣，他們的身體上也紋著類似於百步蛇的三角形紋，以及各種的曲線紋。據說這與巫術有關。

與人體上針灸的紋身相類似，人們也在岩石上繪畫，體現圖騰崇拜的禮俗。直到現在，中國大地上遺留下許多古代的岩畫，生動細緻地體現了當時的生活生產、祭祀等各種禮俗場面。

中國的岩畫有南北兩派，廣西左江流域包括四川、雲南、貴州、福建等地區，是南派岩畫的集中地，這些岩畫基本上是用赤鐵礦粉調和牛血製作的顏料進行繪製的，時間基本上是在戰國時期，表現了古人一些有關祭祀的情景。用紅色和血色來繪製岩畫，表現一種粗獷雄壯之美，富有激奮精神和生命力量。

北派岩畫則集中在陰山、黑山、阿爾泰山一線，基本上是刻制而成的，大都是用敲鑿和磨刻等為主，最早是在新石器時期就有了。相比起來，北派的岩畫基本上體現了戰爭和狩獵、舞蹈，以及男女交媾生殖圖騰，一些神祇和日月星辰等形象，有著古樸粗獷的禮俗場面，充滿著一種古代禮制的神祕性，實際上包含著巫術特色與精神。

第五節　巫術與占術的禮

巫術

傳說在舜帝時期，舜派遣他的兒子到了巫咸國。巫咸國的人們一手持著青蛇，一手拿著赤龍，生活在大荒之中，充滿神祕。巫咸國也就是現在的山西運城。國土中有鹽池，上承鹽水。舜帝的兒子就帶領巫咸國的人以土燒鹽，在燒鹽的時候，舉行各種祭祀活動，別的地方的人都把這種製鹽技術叫做巫術。

巫術有闢邪的方式，如樹立門神，在正對大路的房舍前放置泰山石敢當，端午節的時候飲雄黃酒，掛菖蒲劍等。

在巫術中，儺戲也是很重要的一個方式，儺戲是歌舞時在臉上畫出鬼神的臉譜，戴上面具，做神形和鳥獸之形，在周代的時候，是非常盛行的。

一般在臘月舉行的大儺儀式，目的就是驅除疫鬼。大儺也叫做打儺、驅儺。當然，巫術也不是對神靈的一味尊敬，有時也可以行使處罰措施的。比如在求雨時，沒有得到雨水，就要施巫術、曬龍王等，逼迫下雨。

很多巫術的來源是和傳說有關，比如泰山石敢當。相傳泰山腳下有一個人，姓石名敢當。此人非常勇敢，武功高強，好打抱不平，在泰山周圍名氣很大。

泰安南邊五六十里地，有個大汶口鎮。鎮裡有戶張姓人家，張家的女兒年方二八，長得自然是脫俗漂亮。可近來每到太陽壓山的時候，就從東南方向刮來一股妖氣，刮開她的門，上她屋裡去。這樣天長日久，女孩變得面黃肌瘦，很虛弱，找了許多先生看也治不好。人們說這是妖氣纏身，光吃藥是治不好的。

石敢當一聽就去了。他交代下人：「準備十二個童男，十二個童女。男的一人一個鼓，女的一人一面鑼。再就是準備一盆子香油，把棉花搓成很粗的燈捻，準備一口鍋，一把椅子。」

天色一黑，他就用燈芯子把香油點著。他用鍋把盆子扣住，坐在旁邊，用腳挑著鍋沿，這樣雖然點著燈，遠處也看不見燈光。一會兒，從東南方向來了一陣妖風，看著風就過來了。石敢當用腳一踢，踢翻了鍋，燈光一亮，十二個童男童女就一齊敲鑼打鼓，妖怪一進屋，看見燈光一亮，就閃出屋，朝南方逃跑了，上了福建。

之後，福建有的農戶又被妖風纏住了身體。怎麼辦呢？人家就打聽，又把石敢當請去了。他又用這個辦法驅妖，妖怪又跑了，上了東北。於是到了東北又有姑娘得了這個病，又來請石敢當。

石敢當就想：「我拿此妖一回兒，它就跑得老遠，山南海北這麼大地方，我也跑不過來呀」。思來想去，他想出了一個辦法，泰山石頭很多，石敢當就找石匠打上他的家鄉和名字：「泰山石敢當」。

以後誰家鬧妖氣，石敢當就讓誰家把石頭放在家的牆上，那妖就跑了。泰山石敢當降妖的事越傳越遠，以後，人們為了避邪，在蓋房子的時候，總是把刻有「泰山石敢當」的石頭砌在牆上或放在門口。

巫術還分為白巫和黑巫。通常，向神明祈禱奉獻祭品的是白巫。而黑巫則是暗地裡害人的。比如黑巫常用的巫術——蠱，就是將許多毒蟲放在一個容器中，讓牠們相互殘殺，留下最強的就是蠱。蠱一般放在食物中，中蠱後，人會生病甚至死亡。

巫術在上古時期也被用來判案裁決。中國古代的「法」字，表示的就是一種獨角獸，獬豸。獬豸代表公正的法官象徵，受人禮敬。上古的臯陶（上古傳說中的人物。傳說他是虞舜時的司法官，後常為獄官或獄神的代稱）是用羊來牴觸斷案的，如果被神羊角觸及，就是有罪。有些則讓犯人用口舌舔燒紅的犁頭，按照口舌的傷勢進行判案。有的則讓犯人在滾燙的油鍋中撈東西，如果不被燙傷而撈出東西，就判定是無罪的。這些天判神判的形式，與占卜也是相類似的。

占卜

占卜也叫卜筮，在古代，人們用龜殼與牛的前胛骨燒灼來占卜。卜是象形字，也是會意字，占卜所用的基本都是龜殼和牛的前胛骨，燒灼，然後裂開許多如卜字形的紋路，人們就用這種紋路來問卜。

在殷商時期就有許多關於占卜的記載，占卜就已經盛行了，當時的統治者透過占卜來決定國家大事，如征戰等。

用蓍草占卜叫做筮。西元前十一世紀，周文王被商紂王困在羑里的牢獄之中，就用蓍草占卦。用蓍草占卦的方式是很繁雜的。羑里生長著蓍草，移栽到別的地方就難以成活。

周文王造八卦，是上古禮制一個劃時代的事件。《周易》是有關占卜的書，也是中國最早的哲學著作。《周易》中的第一篇就是乾卦，其卦文以龍為象徵：「潛龍勿用」、「見龍在田，利見大人。」

第六節　倉頡造字與周公制禮

倉頡是黃帝時的史官，據說他長有四隻眼睛，能通達宇宙萬物，能看見鳥獸蹄印，「初造書契」，形成後來的六書。龜殼上的紋路，鳥身上的羽毛，山川的褶皺和人的掌紋，都激發他創造文字的靈感。據說他造字時，天下鬼神都為之痛哭和發愁。

中國漢字造字的方法是六書，「六書」這個詞最早出現在《周禮・地官・保氏》中，「保氏掌諫王惡而養國子以道，乃教之六藝……又曰六書。」根據東漢鄭玄注，六書就是象形、會意、轉注、處事、假借、諧聲。其中所謂的處事就是「指事」，諧聲就是形聲，象形就是畫圖，如「日」字，畫一個圓圈，中間點上一點。會意字就是用許多的字形進行組合，讓人會意，比如三個人為「眾」，三個木為「森」，料子是米放在斗中，有量的意思。形聲字形式很多，有下形上聲，如「忠」；有左形右聲如「鐘」，有外形內聲，如「衷」；有內形外聲，如「問」等。

說到周公制禮，首先要說到一個人，就是周公。周公名字是姬旦，是周文王的兒子，周武王的弟弟。他功績顯赫，曾經助周武王滅商。周文王在世的時候，周公就以孝行在諸子中樹立了威信。《史記》上也這樣記載，周公旦「巧能，多才多藝，能事鬼神。」

周武王生病的時候，大家占卜請求周公給以醫治，周公於是禱告，要以自己的身子代替周武王。那時候，他設三個壇，面北而立，戴著玉璧，拿著玉圭，並對太王、王季、文王等列位祖先祈求。

周公制禮是一件劃時代的大事。當時，他東征取得了勝利，並且營建了成周，《南書大傳》中說，他「五年營成周，六年制禮作樂。」制禮作樂本身就是建立系統完善的政治體制，這種體制就是「周禮」。

在周禮中，形成了比較嚴格的宗法階級制度。首先，周公確立周王是天下共主的地位，周王也就是「天子」，夏商的滅亡和周朝的興起是天命所致，天命是「靡常」(無常)的，但也是「不僭」(不差)的。其次，周室中大宗就是天子，小宗就是與周天子同姓的諸侯，比如作為天子的叔伯兄弟，因此形成了以血緣為維繫的宗親關係，地位也不同，階級更加分明。這種宗法禮儀的確定，維繫和加強了嫡長子的繼承制，另外還利用分級立宗的方式，進行權力和利益的再分配，使家族統治基礎地位得到鞏固。

周公制禮的目的是敬德保民。這種敬德就是禮的方式。「父慈子孝，兄友弟恭」，天子之下有諸侯，諸侯之間又有不同的爵位和階級，透過嚴謹的禮儀制度得以維繫起來。周公規定了祭祀的形式，還有音樂舞蹈，以及宴飲喪葬，婚嫁、日常起居等，都有比較細緻明確的標準，很有操作性和示範性。周公所制的禮也叫做周公之典。

周禮確定了國家的人事組織，設計了服飾、城池建築等各種標準，把禮制規定得非常全面完美，也奠定了周朝八百年的江山，因此，周公被後人奉為聖人。

第七節　《周禮》、《儀禮》與《禮記》

中國是禮樂古國，貫穿歷史的主要還是儒家思想。儒家的思想薈萃於禮經之中。所謂的禮經，也就是儒家的「五經」，即《詩》、《書》、《禮》、《易》、《春秋》。《周禮》、《儀禮》和《禮記》也就是人們經常說到的「三禮」。

《周禮》又稱《周官》，講官制和政治制度。《儀禮》記述有關冠、婚、喪、祭、鄉、射、朝、聘等禮儀制度。《禮記》則是一部秦漢以前儒家有關各種禮儀制度的論著選集，其中既有禮儀制度的記述，又有關於禮的理論及其倫理道德、學術思想的論述。

據史學記載，《周禮》源於西漢的景帝、武帝之際。當時河間獻王劉德從民間徵得一批古書，其中一部名為《周官》。原書當有天官、地官、春官、夏官、秋官、冬官等六篇，但是《冬官》已散失，就取性質與之相似的《考工記》代替，使其完整。王莽時，因劉歆奏請，《周官》被列入學官，並更名為《周禮》。東漢末，經學大師鄭玄為《周禮》作了出色的注。由於鄭玄的崇高學術聲望，《周禮》一躍而居《三禮》之首，成為儒家的煌煌大典之一。

《周禮》是一部透過官制來表達治國方案的著作，內容極為豐富。天文曆象、天下九州、城市建築、邦國建制，以及陵寢、車馬、服飾、飲食、刑法、稅賦等制度，非常全面細緻，是戰國時期禮樂的集大成者。

《周禮》的許多禮制影響百代。如從隋代開始實行的「三省六部制」，其中的「六部」，就是仿照《周禮》的「六官」設定的。唐代將六部之名定為吏、戶、禮、兵、刑、工，作為中央官制的主體，為後世所遵循，一直沿用到清朝滅亡。歷朝修訂典制，如唐《開元六典》、宋《開寶通禮》、明《大明集禮》等，也都是以《周禮》為藍本，斟酌損益而成。

《周禮》對禮儀的規定名目繁多，如有吉禮、嘉禮、凶禮、賓禮、軍禮等。周公在「分邦建國」的基礎上「制禮作樂」，總結、繼承、完善，從而系統地建立了一整套有關「禮」、「樂」的完善制度，主要有「畿服」制、「爵謚」制、「法」制、「嫡長子繼承」制和「樂」制等。

周公旦還制定了一系列嚴格的君臣、父子、兄弟、親疏、尊卑、貴賤的禮儀制度，以調整中央和地方、王侯與臣民的關係，加強中央政權的統治，這就是所謂的禮樂制度。

西周的禮樂制度，形成了西周特色的禮樂文化與禮樂文明，對後來歷代中國文化都產生巨大而深遠的影響。

《儀禮》原來就叫《禮》，漢朝人稱為《士禮》，對《禮記》而言，又叫《禮經》。到了晉代才稱《儀禮》。在「三禮」中，它是成書最早的一本書，有人說是周公寫的，也有人說是孔子修訂的。近代專家根據書中的記載，結合出土的青銅禮樂器物上的文字進行分析，認為這本書寫作於戰國初期和中期。

《儀禮》所記的儀節制度對後世的影響十分深遠。冠婚喪祭各種禮節一般都為後世承襲，只是細節上略有增減而已。特別值得一提的是《儀禮》中的喪服篇。從魏晉以迄清末，禮制介入了法制，各個王朝的法典均以儒家學說為指導思想和立法根據，其中最重要的就是根據喪服篇中的「五服制度」規定，實行了「準五服以治罪」的原則（《晉書·刑法志》）。

《儀禮》分為十七篇，根據《禮記·昏義》，士冠禮第一，婚禮第二，士相見第三，士喪禮第四，既夕第五，士虞禮第六，特牲饋食禮第七，少牢饋食禮第八，有司徹第九，鄉飲酒禮第十，鄉射禮第十一，燕禮第十二，大射儀第十三，聘禮第十四，公食大夫禮第十五，覲禮第十六，喪服第十七。

《儀禮》裡全是禮儀的詳細記錄，光記儀節，不講禮的意義。從《儀禮》中看來，商周時期就有極其繁縟的禮節，有著很複雜的典儀。還有專門從事典禮的人，所以有「禮儀三百，威儀三千」之說。到了漢宣帝時期，戴德、戴聖、慶普三家所傳習的《禮經》立於學宮。西漢末年，有戴德、戴聖、劉向三個版本流傳，鄭玄用劉向版本作注。現在留下的就是鄭玄的注本，晉代時這本書才定名為《儀禮》。

隨著封建制度的覆滅，《儀禮》及其派生禮典所記錄的一系列儀節就失去了社會基礎，從而剝奪了它實踐的可能性，但《儀禮》一書的仍然有較高的史料價值。

《禮記》，是中國古代一部重要的典章制度書籍，儒家經典之一。該書是戰國至秦漢年間儒家學者解釋說明經書《儀禮》的文章選集，是一部儒家思想的資料彙編，又叫《小戴禮記》。《禮記》的作者不止一人，寫作時間也有先有後。

《禮記》對秦漢以前各種禮儀著加以輯錄，編纂而成，共四十九篇，編定者是西漢禮學家戴德和他的侄子戴聖。戴德選編的八十五篇本叫《大戴禮記》，在後來的流傳過程中若斷若續，到唐代只剩下了三十九篇。戴聖選編的四十九篇本叫《小戴禮記》，即我們今天見到的《禮記》。

這兩種書各有側重和取捨，各有特色。東漢末年，著名學者鄭玄為《小戴禮記》作了出色的註解，後來這個本子便盛行不衰，並由解說經文的著作逐漸成為經典，到唐代被列為「九經」之一，到宋代被列入「十三經」之中，為仕者必讀之書。

《禮記》的內容主要是記載和論述先秦的禮制、禮儀，解釋儀禮，記述修身做人的準則，記錄孔子和弟子等的問答，它闡述的思想包括社會、政治、倫理、哲學、宗教等各個方面，其中《大學》、《中庸》、《禮運》等篇有較豐富的哲學思想。

實際上，這部九萬字左右的著作內容廣博，門類雜多，涉及政治、法律、道德、哲學、歷史、祭祀、文藝、日常生活、曆法、地理等諸多方面，幾乎包羅永珍，集中體現了先秦儒家的政治、哲學和倫理思想，是研究先秦社會的重要資料。

《禮記》全書用記敘文形式寫成，一些篇章具有相當的文學價值。有的用短小的生動故事表明某一道理，有的氣勢磅礴、結構謹嚴，有的言簡意賅、意味雋永，有的擅長心理描寫和刻畫，書中還收有大量富有哲理的格言、警句，精闢而深刻。

《禮記》中的內容，在社會的、人性的、超越的三個理論層面上，都顯示出與原始孔子儒學及孟子儒學、荀子儒學思想不同的變化，或為時代與現實生活的風雨催生的學術之花，是儒家在「禮崩樂壞」時代反思重建政治秩序和價值觀唸的產物。它承載了原始儒家在中國文化「軸心時代」煥發出的學術激情和文化精神。

第八節　孔子「從周」與「克己復禮」

在周禮的弘揚過程中，孔子造成了非常重要的作用，他周遊列國時，曾經說過「郁郁乎文哉！吾從周」的話。在當時的魯國，周禮的儲存是很完整的，《史記．魯周公世家》記載：「成王乃名魯得郊祭文王。魯有天子禮樂者，以褒周公之德也。」

在孔子的學說中，禮體現於八個字——「君君臣臣父父子子」，君臣父子階級分明，這樣才能恪守禮儀。孔子對君的違禮是不指責的，就像子為父隱一樣，但可以透過仁的途徑來實現禮，透過禮來調和矛盾，治理國家，透過禮來行使仁政，「以仁釋禮」。所以孔子說，「不學禮，無以立。」（《季氏》），也就是說，人不學禮，不懂禮節，就不能在社會上立身。

孔子認為，以禮教民，是最重要的，而刑罰才是次要的。刑不上大夫，禮不下庶民。孔子把禮與仁結合在一起，「人而不仁，如禮何？人而不仁，如樂何？」意思是沒有仁，僅僅是玉帛和鐘鼓，有什麼用呢？

孔子最著名的一句話就是：「克己復禮」。「克己復禮為仁」這句話出自《論語》中的《顏淵》一章：顏淵問仁。子曰：「克己復禮為仁。一日克己復禮，天下歸仁焉。為仁由己，而由人乎哉？」顏淵曰：「請問其目？」子曰：「非禮勿視，非禮勿聽，非禮勿言，非禮勿動。」顏淵曰：「回雖不敏，請事斯語矣！」

這裡的「克己」就是嚴格要求自己，實際上是修己，制約自己，「克己奉公」的「克己」就是這個意思。「復」的意思，就是恢復禮制。在這裡，禮也是一種規矩，一種標準，包括禮儀、禮節和禮貌等。禮制的標準就是仁。孔子這樣說：只要克己復禮，天下就歸於仁政，天下也就太平了。正人首先是正己。克己的基本準則就是非禮勿視，非禮勿聽，非禮勿言，非禮勿動。

第九節　人性善惡之禮

孟子是魯國孟孫氏的後裔，曾經跟隨孔子的孫子子思學習，因此也成了孔子仁禮學說的推動者。

因為仁，孟子才提出性善說，人性先天的善端，是禽獸所沒有的。善有四種基本道德，就是仁、義、禮、智。辭讓之心，是禮儀之端。孟子提出性命學說，在於盡心、知命、知天。「仁之於父子也，以至於君臣，禮之於賓主，知之於賢者也，」是孔子禮制思想的進一步提升。

與孟子相反，荀子提出了人性善惡的觀點，認為禮才是善的，違背禮制才是惡的。天生的人性是惡的，不存在「尊君，守法，孝親和循禮」的善，而是透過禮儀教化的途徑來達成的。

荀子說，人生下來就有欲望，因為欲望得不到滿足，所以才會產生爭奪，所以先王才制定禮制規範，透過禮來滿足不同階層人的要求。因此他說：「禮者，人道之極也。」由此，「人無禮則不生，事無禮則不成，國無禮則不寧。」

說到性善性惡與禮的關係，漢代的董仲舒提出禮義、倫理、道德的性三品說：第一品是聖人之性，具有這種性的人，如天子。皇帝皇后是不需求禮儀教育的，他們需要用禮儀來教育百姓。另一種是中民之性，比如官僚、士大夫等。他們可以為善，也可以作惡，需求禮儀教育的。最後一種是斗筲之性，是劣等的，即使利用禮來教育，也是冥頑不化的。

在董仲舒的學說中，三綱五常，是禮的集中表現。所謂三綱，就是君為臣綱，父為子綱，夫為妻綱；五常就是仁、義、禮、智、信。

三綱五常調和維繫社會中人與人之間的關係。與孔子同期的告子，陳述了人性無善無不善的學說。

到了宋代，王安石推行變法，認為古代的禮儀可能適合當時的情況，但不適應現在，許多人不明白權時應變的道理，看起來是尊重古人，其實是違背古人的禮制，這是非禮之禮。

天道尚變，禮也要與時俱進。但是他的觀點遭到了司馬光的反對。南宋朱熹把禮當成天理來闡述，他提出明天理，滅人慾。天理，就是綱常禮教。只能革除人慾，才能使禮得到真正的延續。

不過，朱熹提出的「滅人慾」，主要是針對當時的上至皇帝下至官僚權貴階層的窮奢之風。朱熹的不少奏摺是規勸皇帝克制自己無止境的欲望，因此他生前大部分時間是不受待見的。但到了明朝，朱熹的學說被大規模推廣，提倡滅天性毀人慾，禮制教育走到了一個極端，成為束縛人們心智的一種枷鎖。

第十節　雅樂歌舞之禮

傳說女媧不但造人，而且發明了最原始的樂器，「簧」。其類似於中國西北、西南少數民族的口簧和口弦。伏羲發明了琴和瑟。他發明的瑟有七尺二寸長，上面裝有七十二根弦。另外，伏羲還創作了《扶來》、《駕辯》等樂曲。

古人在祭祀、宴飲、出師等大型禮儀活動中，皆要以先王所制的音樂為輔助手段，來傳達禮儀，從而加強禮儀對人的教化作用。

《禮記．樂記》中說，人生來內心是平靜的，這是人的自然本性。可是由於外物的觸動而有所感，便產生了欲望。《荀子．正名》曰：「性者，天之就也。情者，性之質也。欲者，情之應也。以所欲為得而求之，情之所必不免也……欲雖不可去，求可節也。」說的是人的欲望天生而來，不可免，為使其得以滿足便要去尋求。尋求便會產生好、惡、喜、怒、哀、樂等各種情感。這些欲望、情感不加以節制，便會泛濫，因此就需求「節」。

既要滿足情慾，又要節制，怎麼辦？《漢書．禮樂志》有記：「天稟其性而不能節也，聖人能為之節而不能絕也，故象天、地而制禮、樂，所以通神明，立人倫，正情性，節萬事者也。」、「興於詩，立於禮，成於樂。」、「禮樂皆得，謂之有德。」

先王制禮作樂，目的不是為了儘量滿足人們口腹耳目的欲望，而是用禮樂來教導民眾，遵從人倫階級，端正品性，使好惡之情得到節制，從而回歸到人生的征途上來。所以，禮樂自古以來就成為統治者治世之道的一種手段。

《尚書．舜典》中說：「詩言志，歌永言，聲依永，律和聲，八音克諧，無相奪倫，神人以和。」

所謂的八音，也就是金、石、絲、竹、匏、土、革、木之聲，鐘為金聲，磬為石聲，琴瑟為絲音，管絃為竹音。八音之中，金石為先，地位更為顯赫。八音協調，乃至中和。中和就是韶樂的最好表現方式，合乎中國的禮學精神。

韶樂是祭祀的音樂。當時，《蕭韶》與黃帝時期的《雲門》、唐堯時期的《大》，以及周代的《大武》同為古代的「大六樂」之一，也叫「雅樂」。孔子在齊地的時候，聞聽了韶樂，三日不知肉味。

風雅頌基本上是周代的雅樂，用於宴會的是《大雅》、《小雅》，郊祭和廟祭則用《周頌》，《國風》是士大夫宴會士庶所用的音樂。

與雅樂相對應的是俗樂，雖然不登大雅之堂，但從樂律上來說，是很動聽的。

古代的音樂可以說是集音樂、舞蹈、詩歌於一體的一種藝術形式。《禮記·樂記》云：「比音而樂之，及幹鏚羽旄，謂之樂也。」用樂器將音的節奏和諧地表現出來，再加上手執干（盾牌）、戚（斧）、羽（雄性山雞尾）、旄（旄牛尾）來隨節奏翩翩起舞，就叫做樂了。《通典·樂一》中曰：「詠歌不足，故手舞之，足蹈之，動其容，像其事，而謂之為樂。」奏樂、和歌、舞蹈，三者相輔相成，並與禮相和，讓人在美的薰陶中更容易接受教育，使之思想得以純正。這一特點在古代重大的典禮儀式中表現得最為突出。同樣，祭山川，享先妣、享先祖，都有不同的歌舞樂組合。即使在朝會、宴飲之時，也要歌舞相隨，以烘托或莊嚴或歡樂的氣氛。

編鐘作為中國古代上層社會專用的樂器，是階級和權力的典型象徵。它是興起於西周，盛於春秋戰國直至秦漢的一種打擊樂器，用青銅鑄成，由大小不同的扁圓鐘按照音調高低的次序排列起來，懸掛在一個巨大的鐘架上，用丁字形的木錘和長形的棒分別敲打銅鐘，能發出不同的樂音，因為每個鐘的音調不同，按照音譜敲打，可以演奏出美妙的樂曲。引在木架上懸掛一組音調高低不同的銅鐘，用小木槌敲打奏樂。

編鐘在西周時代作為祭祀、朝聘、宴享、歌伎的主要和聲樂器，尤其適合於伴奏，富有中國古樂的獨特風貌。西周時還以此禮樂制度規定名位、階級。編鐘是王公貴族權勢的標誌。

其中最引人注目的是在湖北隨縣曾侯乙墓發現的曾侯乙編鐘。這套編鐘工藝精美，音域可以達到五個八度，音階結構接近於現代的C大調七聲音階。另外，編鐘上還標有和樂律有關的銘文二千八百多字，記錄了許多音樂術語，顯示了中國古代音樂文化的先進水準。

舞蹈與音樂一樣，起源於原始的勞動，《山海經．海內經》中說，帝嚳的父親帝俊，有子八人，始為歌舞。《尚書》記載，先民在獲得獵物和耕作收穫的時候，敲打石器，扮演百獸，叫做「擊石拊石，百獸率舞」。這也成了最原始的舞蹈。

《呂氏春秋》中說，昔葛天氏之樂，三人執牛尾，投足哥八闋，一《載民》，二《玄鳥》，三《遂草木》，四《奮五穀》，五《敬天常》，六《建帝功》，七《依地德》，八《總禽獸之舞》。投足，就是踏步，藉著踏步打節奏。《載民》一段歌唱人們辛勤的勞動；《玄鳥》就是燕子，是商代人的圖騰，《遂草木》祈求草木茂盛；《奮五穀》祈禱五穀豐收；《敬天常》向上天表示敬意；《建帝功》，就是稱讚天帝的功德無限；《依地德》，是對天地的感恩和酬謝；《總禽獸之舞》，是對大地的感恩與酬謝，祝願禽獸繁殖。

夏代的最後一個統治者夏桀，有樂舞奴隸三萬多人，歌舞演奏音樂，聲動八方。周朝建立之後，對樂舞進行了級別的限制，「天子八佾，諸公六佾、諸侯四佾」。「佾」是古代樂舞行列的意思。禮樂重器鐘磬的懸掛也有規定，「王宮懸，諸侯軒懸，卿大夫判懸，士特懸」，意思是說，王懸掛鐘磬等樂器限於四面，諸侯懸掛鐘磬限於三面，卿大夫懸掛鐘磬限於兩面，士懸掛鐘磬僅限一面。但周禮的這種制度，到後來就被破壞了，一些諸侯和卿大夫的樂舞規模遠遠超過了天子。

周公作樂的內容是「六舞」。《雲門大卷》、《大咸》、《大韶》、《大夏》、《大濩》、《大武》，也叫做六代樂舞。

《雲門大卷》是黃帝時期的舞蹈，「黃帝以雲為紀」，其德宛如祥雲一樣，舞蹈也體現出祥雲的美。《大咸》是堯的大臣模仿山林溪水的聲音製作的。《大夏》為夏時的賢臣皋陶所作，歌唱大禹的功績，舞者戴著皮帽，上身赤裸，下身穿素白的裙子，手裡拿著龠（一種吹奏樂器），《大濩》又名《桑林》，《孟子》中說庖丁解牛，合桑林之舞，指的就是這個舞蹈。傳說是湯到桑林中求雨成功後，大家跳起這個舞蹈。領舞者打著五彩的鳥羽裝飾的大旗，舞隊在昏暗的光中進場，顯得非常的神祕。《大武》是歌頌武王伐紂的舞蹈，孔子說，《大武》開始的時候，先是一段長長的鼓聲，表現了周與紂王驚心動魄的戰爭。《雲門大卷》、《大咸》、《大韶》、《大夏》是文舞，而《大濩》、《大武》為武舞。文舞指的是籥和翟，武舞指的是乾和戚。

除了「六舞」的大舞之外，還有小舞。小舞產生於周代，是六種用於祭祀的舞蹈：一為《舞》。是一種絲綢或用絲綢製成的繫在竿上的條形物品。執而舞，用於祭祀后稷（即土神和穀神）。二為《羽舞》，祭祀宗廟和四方神，舞者手拿白色鳥羽毛。三為《皇舞》，祭祀雨神，舞者頭上插著羽毛，身上穿著翡翠的羽衣。四為《旄舞》，舞者手持犛牛的尾巴跳舞，祭祀西周的大學——辟雍之神，也用於燕樂中。五為《干舞》，拿著盾牌跳舞，一般用於兵事，或者祭祀山川。六為《人舞》，空手而舞，祭祀星辰和宗廟。

第十一節　冠冕章服之禮

古人所著禮服的制式、顏色、配飾及冠冕鞋履等的規格，都要和行禮者的身分、所行之禮相符合，否則就視為失禮。

鄭玄在《尚書·正義》注中曰：「冕服華章曰華，大國曰夏。」《左傳·定公十年》疏云：「中國有禮儀之大，故稱夏；有服章之美，謂之華。」很顯然，中國歷來便是「衣冠上國」、「禮儀之邦」，這禮儀便是透過華美且獨具中華精神特質的服飾體現出來。同時又可以看出中國古代服飾的兩大特點：一是華美，一是蘊含了博大精深的禮儀。

中國古代服飾歷經輝煌，不僅因為其華美，更在於它的社會功用。「服飾之事雖微，然而屬歷代禮儀典制之所繫。」學者王關仕在《儀禮服飾考辨》中精到地點出了服飾制度與禮儀典制的關係：中國歷來是禮儀制度發達，各種禮儀規定的存在和發展透過同樣發達的服裝文化得以集中體現。

自夏商禮制初成開始，便明確出現了與各種禮儀活動相應的冠服制度。如祭祀天地、宗廟，臨朝參政，從軍服役，婚喪嫁娶等，都有與之相適應的服飾規定。

到了周代，冠服制度隨著周禮的成熟逐步完善，並被納入了「禮治」的範疇，成為禮儀的一種表現形式。人們的服飾行為必須合乎各階層共同遵循的行為規範，男女服飾不可通穿，喪服不得外出，勞作或酷暑不能袒胸露肌等，這些不同的儀禮限定，其目的只有一個，輔助「勸善別尊卑」的典章規範，使之在具體實施過程中達到理想的目的。

那麼，古代服飾又是如何與「禮儀典制」相繫的呢？這主要體現在服裝款式、服色、配飾等幾個方面。

中國古代服飾看似紛繁複雜，但實際上萬變不離其宗，基本可以分為上衣下裳、衣裳相連兩大類別。

上衣下裳這種服飾，最初是法天尊地卑的觀念而創制，是社會走入文明的一個象徵。但這只是服飾禮制的初期，還並不完善。到了西周，由於奴隸主與奴隸之間的根本對立，奴隸主階級不僅壟斷了服飾資料，而且為穩定奴隸主階級內部的秩序，規定了階級制度和相應的章服制度。從西周起，幾乎每個朝代都設定「司服」一職，「掌王之吉凶衣服，辨其名物與其用事」，根據禮儀活動的內容向皇帝、后妃提供相應的服飾。當時，如果有「觸易君命，革輿服制度」者，便會受到割掉鼻子的嚴厲懲罰。由此可見當時的服飾禮儀制度非常嚴格。

另外，古代還有「三翟」之說。翟，長尾雉雞，衣裳之上因繡飾「翟」而得名「翟衣」。「三翟」即褘衣、揄翟、闕翟三種服飾的合稱，是中國古代后妃命婦的最高階別的禮服，與男子禮服的「六冕」相對應。其特點是衣裳相連，表示女子應有崇尚專一之義。褘衣、揄翟分別是皇后、皇太子妃受冊、祭奠和參加朝會等大型事務時的禮服，闕翟為皇后參加普通祭典和祭宗廟的祭服。三者區別在於衣、裳顏色及其上面所繡紋飾不同。

服飾色彩也是中國古代「服飾治世」的一大特色。中國歷史上每一次改朝換代幾乎都有「易服色」的舉措，以此來表示與前代劃清界限，從而加強自己的統治。從夏商的尚黑尚白到唐代黃色成為帝王的專寵，無不說明服色在統治中的重要地位。

古人認為，天地間有某種力量能夠主宰一切，於是產生對天地的崇拜，並把這種文化也滲透於服飾之中。玄衣纁裳最能體現此特點。

玄衣與纁裳是古代服飾中最高貴、端莊的搭配。玄、纁二色分別象徵天地，被視為神聖的天地之色，其較之統治者所推崇的青、赤、黃、白、黑五正色尤為尊貴而獨居其上，玄，黑中揚赤，代表天的顏色；纁，黃裡並赤，其意表徵大地。

玄衣纁裳突出的代表是天子等參加各種祭祀時所著的冕服。冕服都是上玄衣、下纁裳的形制，以花紋種類、數量來區別階級。另外，周禮婚制中的禮服崇尚端正莊重，與後世婚制中有所不同，婚服的色彩同樣遵循「玄纁制度」。

古代服飾的配飾包括兩類，一類是繡飾，一類是著服時佩戴的飾物。它們除了裝飾作用外，還有相同的政治作用：表明身分，區分階級，維護社會階級秩序。

繡飾中最有代表性的是十二章紋，它是嚴格的階級符號，從西周開始便被歷代帝王所採用。它到隋唐成為定制，一直沿襲至清代。

十二章紋包括日、月、晨辰、山、龍、華蟲、宗彝、藻、火、粉米、黼、黻這一系列圖紋，其蘊含的文化思想如下：

日、月、晨——取「照臨於下」，表普照天下、賜人間以光明、哺育萬物生長之意。

山——取其穩重、高大的性格。同時因其可左右氣候，取其「興雲致雨」，表澤治下人之意。

龍——取其神意和應變，象徵人君的應機布教。

華蟲——是一種雉鳥，取其紋麗多彩，性耿介，表「文才昭著」。

宗彝——一種宗廟祭祀用的酒器，上繪有一虎一猴，取虎之勇猛，猴之機智，以表示智勇兼得之意。

藻——以水草有文，逐水上下，象徵聖王隨代而應。

火——取「炎上以助其德」，象徵聖王之德日新月異。

粉米——取其滋養，象徵有濟養之功德。

黼——取其斷割，表示權威、決斷，象徵聖王臨事能予以決斷。

黻——表明辨是非、能向善背惡之意。

從象徵意義可看出，各種紋飾無不滲透著儒家治世思想及統治階級的意願，產生了標榜君德至高無上、規勸人君大臣向善備德之作用。

除了繡飾之外，作為裝飾物的佩掛品也出現了嚴格的階級差別。佩綬、蔽膝、紳綬、容刀等配飾，成為華夏衣冠裡階級尊卑的顯著特徵之一。

佩，身上的玉飾。佩玉早在商代就已成為時尚，到了周代，更是賦予玉器以更多的內涵，常常與君子美德相關聯，孔子就有「君子比德於玉」之說。《詩經．秦風．小戎》中亦有「言念君子，溫其如玉」之語。

玉因其色澤、質地、敲擊它所發出的聲音等方面獨具的特點，被認為具有君子修身所要追求的仁、義、禮、智、樂、忠、信、天、地、道、德等多種美好品格，因而為人所鍾愛。佩玉，以彰顯自身的德行之美。

綬，是用彩絲織成的長條形飾物，用來懸掛印佩。平時官員在袍服外要佩掛組綬，並隨身攜帶官印。「組」是官印上的絳帶，所以有「印綬」之稱。由此可見，古代服制中有以玉的色澤、綬的顏色表明官員的身分、區分地位尊卑的禮法，天子、諸侯王、公侯將軍、九卿之佩綬各不相同。

古代的禮服，還包括與之相搭配的同時穿著、佩戴的冠冕、鞋履，以及各種配飾。

按照禮法，這些服搭配的鞋履，以及各種配飾的元件只有依禮儀規定進行搭配，才是合禮，否則為失禮的表現。

古人認為，「衣與冠同色，屨與裳同色，天地有異不可混」，衣冠同色應天，裳履同色應地，天地有別，不可錯位與僭越。上身與下身陰陽相合，使天地、人體合於一身。如「皮弁素積服」為白色系，鞋履便要求白色。著纁裳之禮服，鞋履便一定為紅色的舄。這種和諧的搭配在服飾禮儀中必須遵循。同樣，冠冕與足履又具有「明貴賤、別尊卑」的禮制作用。

第三章　古之禮，承千載

第一節　一統千年的儒家禮

春秋戰國：儒家的形成奠定了古代禮教基礎

西周是禮的完備時期，而後來到了春秋戰國時期，社會已經到了「禮崩樂壞」的地步，不斷湧現新的思想，出現了「百家爭鳴」的繁榮景象。其中儒家思想影響深遠，在百家爭鳴中占據了非常重要的地位，於是形成了以儒家提倡的「仁」為思想核心、以其「義」為準繩、以其「禮」為行為規範的治世之道。

對於當時的社會秩序的問題，孔子有著深刻的感受，這成為他哲學思考的出發點。他認為，應該實行德治才能治理好國家。而德的表現就是禮樂制度。因為禮樂制度本來在西周時期是非常完善的，只不過到春秋時期遭到了破壞，所以要實行德治，最重要的一點就是要「復禮」。

其中「墮三都」是一則比較有名的故事，故事說：周朝為了防範貴族諸侯日後造反，建立了一條規定。這條規定是要求貴族諸侯的城牆不得超過十八尺。但是，諸侯國魯國中的三位國相「三桓」（季孫氏、孟孫氏、叔孫氏）掌控國家大勢，不理這條規定。

儒家學者孔子對此很看不過去，同時也想利用自己在知識界的影響力受到公卿階層的賞識從而步入政壇，所以就想聯手國君魯定公，實施「墮三都」的行動——也就是推掉三桓家裡多出十八尺的城牆部分。

孔子的想法很合魯定公的意，並讓孔子「攝相事」。剛剛「攝相事」時，這位穩如泰山的老夫子也不禁面露喜色。弟子們很不解，便問：「夫子不是說過君子大禍臨頭不恐懼，大福到來也不喜形於色嗎？」孔子說：「有這句話，但不是還有一句『樂在身居高位而禮賢下士』的話嗎？」從這句話我們就可以想像到，身居高位的孔子也開始飄飄然了。

剛開始，事情進展得還算順利，但推去兩位國相的城牆後，齊國就把軍隊駐守在了魯國境外的不遠處，宣稱如果魯定公帶軍隊去推掉最後一位國相的城牆，那麼齊國就會攻進首都來，墮三都行動就此半途而廢，同時也使得孔子和三桓成為了敵人。

有道是：「水能載舟，亦能覆舟」，人家能把你捧上去，也能把你摔下來，魯定公於是翻臉，把孔子推出來做擋箭牌。孔子不得不中斷了仕途和救國的理想，與弟子們踏上了周遊列國的道路，最終導致自己終身不受重用，四處遊仕，纍纍如「喪家之犬」。

以「仁」為思想核心

儒家思想中所說的「仁」的概念早古已有之，是作為一種道德範疇，指人與人相互友愛、互助、同情等。如《詩經》中有「洵美且仁……其人美且仁」之類的詩句。這時的「仁」與美相連繫，意義比較簡單。

到春秋時代，「仁」的含義才變得複雜起來。《左傳》中多次出現「仁」的概念，涉及政治、道德、事功等多方面。孔子正是憑藉這些創立了「仁」學體系，並以此作為儒家學派的思想核心。

孔子把「仁」作為最高的道德原則、道德標準和道德境界，認為「仁」是人的美好善良本性、德行的最高體現。因此，《論語．衛靈公》中說：「志士仁人，無求生以害仁，有殺身以成仁。」說的就是「仁」應該成為人生的宏偉目標，人性追求的最高境界。

中國古代關於「仁」的典故和故事很多，比較有名的一個叫做「情同朱張」。

東漢的時候，河南南陽有兩個人，一個叫朱暉，一個叫張堪。張堪很早就知道朱暉很講信義，很講信用，但是並不認識。後來，兩個人都去了太學，成為了同學，但來往也算不上密切，更談不上所謂的酒肉朋友。

同學了一段時間後，兩個人都學業有成，要分手各回各家時，張堪突然對朱暉講：「今天，我們倆同學的緣分到了，要分頭回家了，我有一事相托。」朱暉摸不著頭腦，就看著張堪問：「你要託我什麼呢？」張堪就講：「假如有一天，我因病不在了，請你務必照顧我的妻兒。」當時兩個人身體都很好，朱暉就沒當回事，也沒有做出什麼承諾。

分手後不久，張堪果然英年早逝，留下了妻子和孩子，生活得非常艱難。訊息傳到了朱暉耳朵裡，朱暉就開始不斷地資助張堪的妻子和孩子，年復一年地關心他們。

朱暉自己的兒子很不理解，就問爸爸：「您過去和張堪沒什麼交往啊？怎麼對他的家人如此關心呢？」朱暉說：「是的，我的確跟張堪不是相交很深，不是來往很密。但是，張堪在生前曾經將他的妻兒託付給我。他為什麼託付給我，而不託付給別人呢？因為他信得過我。我怎麼能夠辜負這份信任呢？雖然我當時沒說什麼，可實際上在心裡已經承諾了。所以，我要守信，履行對張堪的諾言。」後來，人們把兩個人關係好形容為「情同朱張」。

這個故事更多地反映出古人在交往中的「仁義」觀。

另外一個故事叫做「周鄭交質」。

周天子設了兩個卿士。所謂卿士就像我們現在說的左右宰相。周天子有什麼國事就向這兩個人請教。當時的周天子是周平王，兩個卿士一個叫虢公忌父，是周平王的叔叔，另一個就是鄭莊公。

鄭莊公有一段時間沒有去周天子的宮殿，所以周平王有一天就把虢公叫來，說：「這個鄭莊王天天不來，要不這兩個卿士你一個人擔著？」虢公當然推辭了。

事情傳到了鄭莊公的耳朵裡，第二天鄭莊公就來找周平王，說：「我這個人沒什麼才幹，這個卿士的位置我也不要了。請陛下你收回。我就在我的國家好好當國君好了。」周平王忙說：「朕天天盼著愛卿過來，你怎麼突然說不幹了呢？」鄭莊公就回答說：「我的才能比虢公差遠了，陛下就要他一個人幹就好了。」周平王一聽，臉上就有點掛不住，覺得有點理虧，於是說：「看來卿家是懷疑朕的誠意。這樣吧，我叫太子狐到你鄭國去當人質，如何？」鄭莊公聽到這話兒，也推辭了一番。

後來虢公出了個主意，說：「鄭伯你不是也有個兒子嗎。這樣子，兩邊交換一下人質。周平王的兒子到你鄭國去，你鄭伯的兒子到我洛陽來。這不就扯平了嗎？」鄭莊公一聽，就答應了。這就是歷史上著名的周鄭交質。

這個故事也反映了當時人們對「仁」的觀念。

以「義」為準繩

儒家學說除了以「仁」為核心思想之外，還有一個重要的價值準繩——「義」。人的內心要重視德，要愛人，但是，如何來確定人的行為是否符合「仁」的精神呢？「義」理所當然地成為了它的標準。

孔子在《論語》中多次提到了「義」，如「君子喻於義，小人喻於利」、「君子以義為上」等。

到了孟子，他著重宣揚人的善性，不僅崇尚仁，而且崇尚義。他也曾效仿孔子周遊列國，用仁政的學說遊說各國諸侯，受到許多國君的禮遇。晚年，他不再出遊，而是和學生一起專心著書立說，編成了《孟子》一書。

孟子被儒家稱為「亞聖」，其地位僅次於孔子，主要是因為他的思想和學說對後世的影響較大。《孟子》一書也被列為「四書」之一。

說起「義」，還會讓人聯想到桃園三結義的故事，這個故事最初是小說《三國演義》裡記載的，述說當年劉備、關羽和張飛三位仁人志士，為了共同幹一番大事業的目標，意氣相投、言行相依，選在一個桃花盛開的季節、一個桃花絢爛的園林裡舉酒結義、對天盟誓。

以「禮」為行為規範

儒家思想特別重視德政，重視自省，而在行為上的表現就是講求「禮」。

孔子在《論語．為政》中說：「道之以政，齊之以刑，民免而無恥；道之以德，齊之以禮，有恥且格。」就是說，如果只靠政令和刑罰來治理國家，雖然能使人避免犯罪，但不能使人懂得犯罪是可恥的；只有用道德去教化人，去引導人，並把「禮」作為人們的行為規範，才能使人既有廉恥之心，又能安分守己，心悅誠服服從於統治者。

在儒家早期的代表人物中，還有一個非常注重禮義的人物，那就是荀子。荀子，名況，字卿，戰國末期趙國人。他曾經到齊國的稷下學宮講學，三做學宮的「祭酒」（也就是領袖），是著名的「稷下先生」之一。晚年與弟子從事著書立說。荀子的著作是《荀子》一書。

荀子繼承和發展了孔子關於「禮」的思想，把禮作為道德生活和社會生活中的最高的準則。

荀子更加強調禮的重要性，認為它是「道德之極」、「人道之極」，是個人修身和治理國家之根本。他在《勸學》篇中說：「禮者，法之大分，類之綱紀也，故學至乎禮而止矣。夫是之謂道德之極。」在《禮論》中他也提到：「故繩者，直之至；衡者，平之至；規矩者，方圓之至；禮者，人道之極也。」在這裡，他把禮看成了最高的行為準則。

對於以「禮」為行為準則，我們從春秋時「夾谷會齊」的故事中可見一斑：

魯定公與齊景公要在夾谷舉行盟會，孔子正任魯國的代理國相。孔子對定公說：「臣聽聞以和平解決國與國之間的爭端，必定要有武力作後盾；以戰爭解決國與國之間的糾紛，也要有和平解決的準備。古代諸侯同時離開國境，一定要配備應有的官員作為隨從，請君上配備左右司馬隨行吧。」定公接受了孔子的建議，配備了掌管軍事的左右司馬。

到了盟會的地方，除土為壇，上設席位，用土壘成三級的階梯，賓主以諸侯會遇的禮節與會了面。賓主互相揖讓著登上壇，又互相敬完了酒。然而，齊方卻暗地裡使人手執兵器，鼓譟喧呼，想要劫持定公。

當此危急之際，孔子立即登上階梯，走向前，扶著定公退下壇來。隨後，孔子對著魯國的衛士們說：「你們可以拿起兵器殺了他們。我們兩國君主結盟，邊遠的東夷，戰敗的俘虜，竟敢稱兵鬧事，破壞兩國友誼，這不是齊君對待別國諸侯的道理。邊遠的人不應參與中夏的政事，東夷之屬不應干擾華夏的活動，俘虜不得介入盟約，兵士不得威逼友邦。以神道來說是不祥，從道德而言是違義，於人之交往是失禮。齊君必定不會這麼做。」

齊侯聽了很慚愧，於是揮了手讓人退避下去。不久，齊人又演奏起宮中的音樂，還使歌舞雜技的藝人嬉戲於前，以此想戲弄定公。孔子見了，立刻上前，登階而上，還有一個階梯來不及登便高聲說：「匹夫熒惑侮慢諸侯，論罪當殺，請右司馬趕快行刑吧。」於是斬殺了雜技藝人，手腳分散在不同的地方。齊侯不料有此結果，緊張起來，臉上露出了羞愧的神色。

在將要正式訂盟的時候，齊人又故意在盟約上加了一條說：「如果不派出兵車三百乘跟著我軍去徵戰，就要像盟約中所約束的那樣。」

孔子也不甘示弱，使魯大夫茲無還回答道：「若不歸還侵占我國汶陽之田，而要我軍遵照出兵之命的，也同樣受到盟約的制裁。」

之後，齊侯準備要宴會定公，孔子對著齊國的大夫梁丘據說道：「齊魯兩國的傳統制度，先生難道沒有聽說過嗎？盟約已經訂好，如果又要設宴來招待，不是太麻煩你們的官員麼？而且牛形或象形的酒器，是在宗廟與宮廷內用來祀神或宴賓的，不應當拿到野外來；宴饗的音樂，也是設於宗廟或宮廷，不應到野外來合奏。宴會上如果配齊了這些東西，那就是丟掉了先王之禮；如果不配備這些東西，那就絲毫價值也沒有。沒有絲毫價值，我君會感到羞辱，丟棄先王的禮節，齊侯會因此背上惡名。您何不仔細考慮考慮？說到宴會，那是顯示一種政治道德和政治風度的，如果顯示不出來，那還不如作罷的好。」

於是，齊侯最終沒有設宴來招待定公。等齊侯回到國內，為當日的事頗感到羞愧，便責怪他的群臣百官說：「魯人拿君子的道義去輔佐他的君主，你們卻使用夷狄的辦法來教唆我，使我犯下不少過失。」於是，齊侯便歸還了過去侵占的魯國四邑以及汶陽的田地。

由這個故事可以看出，「人無禮則不生，事無禮則不成，國家無禮則不寧。」（《修身》）

秦漢・儒家學說為主導的封建禮教建立

焚書罹患坑儒壞本

儒家學說為主導的封建禮教在秦漢時期得以確立。秦統一六國之後，圍繞著分封制和郡縣制、師古與崇今等問題，儒家與法家之間展開了一場激烈的鬥爭，西元前兩百一十三年秦始皇為加強專制主義中央集權，採納了李斯的建議，頒布了「收天下書不中用者盡去之」（《史記·秦始皇本紀》）的焚書令和挾書律，進行了一次大規模的焚燬儒學文化典籍活動——除了醫藥、種樹、卜筮之書和秦國的史書外，其他各種文化典籍「皆燒之」。

「焚書坑儒」是對中華文化的極大破壞。秦始皇的一道政令，使許多的中華典籍消亡。我們可以想像，在兩千多年前，在沒有紙張，沒有印刷術的情況之下，那一部部精心寫刻在竹木簡上的書籍是多麼的珍貴，一把火就什麼都沒有了，這樣的焚書，造成多少中國先秦文化典籍的失傳啊。焚書坑儒這種極端專制的措施，給我們中華民族的發展進步造成了不可彌補的損失。

在春秋戰國時期，儒家學說的發展遠盛於其他學說，而秦始皇建立秦朝主要是靠法家的思想學說，於是焚書坑儒就不僅是秦始皇個人的事情了，涉及了儒家和法家之間的爭鬥。秦統一天下後的焚書後坑儒，徹底改變了當時中國儒家學者的歷史命運。

在秦朝的這種極端統治之下，言論不再自由，研究不再自由，思想不再自由，一種政治獨裁、思想禁錮和文化專制取代了春秋戰國時期的「百家爭鳴」。

罷黜百家，獨尊儒術

漢朝建立以後，漢初統治者吸取了秦朝滅亡的教訓，但是對於確定什麼樣的統治思想及其理論基礎，仍然處在摸索階段。漢高祖初定天下，任用的大多是武將功臣，輕視儒家。文帝、景帝、惠帝等因崇尚「黃老之學」而採取無為而治的統治政策。在這種思想的指導下，漢初統治者採取了「順民之情，與之休息」的休養生息政策，以此來適應恢復生產、穩定統治秩序的需求。

儒學在漢初幾十年雖然沒有成為正統學說，但畢竟獲得了比秦代寬鬆的生存環境。特別是惠帝以後，先後廢除了《挾書律》和《妖言令》，儒生們得以重新開始傳授經典，為復興儒學做出大量的努力，並且創造性地發展了儒家學說。在這方面，賈誼、董仲舒都有重要的貢獻。

賈誼是漢文帝時人，著有《新書》。賈誼受荀子的思想影響很大，他提倡德育，主張「以禮為治」。他說：「以禮義治之者積禮義，以刑罰治之者積刑罰。刑罰積而民怨背，禮義積而民和親。」這裡就表明了禮儀和法令都有禁邪惡的作用，但禮義優於法令，更重要的是禮義還有勸善扶正的作用。人們在禮義所提供的外在行為規範和內在價值取向的約束和引導之下，必將「日近善遠罪而不自知」。禮義的這一優勢是法令所望塵莫及的。

董仲舒是西漢景帝武帝時期最重要的儒家學者，是《春秋》公羊學大師。他以闡釋《公羊傳》的形式提出一整套系統的政治學說，有《春秋繁露》一書傳世。

董仲舒主張德教，即「以德化民」。他認為，「天生民性有善質而未能善」，必須經過後天的教化，「後能為善」。王者則是「承天意以成民之性為任者也」，其終極使命是「教化以成民性」。

在此基礎之上，他主張應先用「先王禮樂」對百姓進行深入的教化，但重點不是制定禮樂制度，而是「顯德以示民」，即為人民做榜樣。他認為只有「王者有明著之德行於世，則四方莫不響應，風化善於彼矣。」待教化成功，天下太平之後，方可制禮作樂，將教化成果固定下來。

董仲舒學說的最大特點就是注重強調制禮作樂之前的教化過程，制禮作樂是該過程的終點，「教化已明，習俗已成，子孫循之，行五六百歲尚未敗也。」說的就是制禮作樂後的情形。

景帝武帝時，儒學復興已經成為了不可阻擋的歷史潮流。西元前一百四十年初，漢武帝命群臣舉賢良方正直言極諫之士。丞相衛綰上奏漢武帝同意採納，這是罷黜百家之始。同年，在舉賢良的對策中，董仲舒提出：「諸不在六藝之科、孔子之術者，皆絕其道，勿使並進。」西元前一百三十六年，漢武帝罷黜秦朝所立各家博士，專立儒學五經博士。第二年，武帝起用專研儒術的田蚡為相。田蚡罷黜不治五經的太常博士，把黃老刑名百家之言排斥於官學之外。武帝下詔「罷黜百家，獨尊儒術」，正式確立了儒學禮教在封建意識形態中的獨尊地位。

宋朝．理學體系形成，儒學禮教復興

北宋後期，出現了以「三綱五常」、「三從四德」為準繩的倫理道德思想標準體系——理學。理學思想被制度化後，形成的封建禮教得到普遍認同並傳播，儒家思想得以復興。

理學體系形成

漢代以後，儒學的發展陷入了深刻的危機，受到前所未有的冷落，儒學獨尊的局面在東漢以後開始崩潰瓦解。魏晉玄學思想開始發展。這種玄學思想上承了先秦兩漢的道家思想，而且克服了漢代經學注經煩瑣的弊病，開創了糅合儒道學說的一代清新學風。

佛教傳入中國以後，更有力地衝擊了中國本土傳統的思想和文化。於是魏晉南北朝時期，儒、玄、道、佛開展了相互衝突、相互排斥、相互吸收、相互融合的文化整合運動，使中國的傳統思想文化得到了多角度的發展與深化。

隋唐時期是中國宗教發展的重要時期。中國佛教宗派創造性地發展了印度的佛教，並發展成為中國傳統思想文化中不可或缺的系統組成部分。由於唐朝的攀附，道教也獲得了極有利的發展，宗派紛呈。另外唐代還新傳入了一些外來的宗教。而儒學在唐代中後期則開始醞釀復興。韓愈、柳宗元倡導的古文運動也極大地推動了儒學的發展。於是唐代呈現出一種三教並流、融合的強大的潮流。

到了北宋初期，階級矛盾日益尖銳。北方的遼和西夏威脅著北宋的統治，民族矛盾也相當嚴重。為了適應加強封建統治的需求，儒學在批判吸收佛道思想的基礎上，以理學的形式得到了復興，並且逐步取得了學術上的正統地位。

理學又稱道學，是北宋後期出現的一種特殊形態的儒家哲學，由於它繼承和發揚了先秦孔孟學派的「性命義理」之學，以理、欲、心、性為論學對象，所以被稱為「理學」。

理學自周敦頤開山後，又有張載、邵雍等人的推動，到程顥、程頤兄弟最終完成。

理學主要講究天道、人性和修養目標及修養方法。

南宋以後，理學因朱熹而得到了極大發展，最終建立了一個比較完備的客觀唯心主義理論體系。朱熹認定「理」先天地而存在，把抽象的「理」昇華到永恆、至高無上的地位。而以陸九淵為代表的主觀唯心主義與程朱理學分庭抗禮，創立了心學，主張心即是理。

張載是北宋時期理學的創始人之一，他繼承和發展了中國古代氣元論學說，認為氣是萬物的本源，整個世界都是由氣構成的。氣是最高的實體，道是氣化的過程，即「氣本論」。他強調人們應該透過修養功夫，剋制自己的「耳目口腹之慾」，就可以變化氣質，儲存天地之性，恢復先天的善性。

朱熹繼承和發展了二程的倫理思想，集封建倫理思想之大成，建立了以「三綱五常」為核心的倫理道德思想體系，成為繼孔子之後對中國封建社會影響深遠的思想家。

倫理觀念：三綱五常

「存天理，滅人慾」是程朱倫理思想的核心，也是封建禮教的道德準則。對於天理和人慾，在程朱看來，天理和人慾是絕對對立的，私慾滅則天理明。「天理存則人慾亡，人慾勝則天理滅，未有天理人慾夾雜者。」（《朱子語類》卷十三）為此，程朱提出存天理滅人慾的主張，認為只有革盡人慾，方能復盡天理。

為了論證「存天理，滅人慾」的合理性，朱熹把「三綱五常」進行了不切實際的宣傳，將其抬高到嚇人的程度。他把「三綱五常」說成是充斥於天地之間的最高法則。這樣一來，三綱五常不僅成為人類社會最高準則，而且也成了自然界即天地萬物的最高主宰。

朱熹還把三綱五常看作一個無所謂存亡加減的永恆定律，也就成了一個萬古長存的宇宙精神。他說「三綱五常，禮之大體，三代相繼，皆因之而不能變」（《四書集註》）。這樣一來，三綱五常既約束著人的思想，又規範著人的行為，成為封建禮教的教條準則。在這種約束之下，人們必然消除對物質生活的種種追求和欲望，安分守己，不敢犯上作亂。這也就維護了封建統治者的利益，於是成為統治中國幾百年的禮教準則。

女性觀念：三從四德

中國商周時期就開始有了男尊女卑的觀念，強調「男女有別」、「天尊地卑」。到了宋代，經過程朱理學的發展，封建禮教更給女性套上了精神的枷鎖。「三從四德」的觀念使婦女的社會地位降到了最低的程度。

「三從」指的是女子「在家從父，既嫁從夫，夫死從子。」，「四德」指的是婦女要謹守「婦德、婦容、婦言、婦工」。在這種禮教之下，婦女幾乎沒有任何社會地位，男女之間極度不平等。

這種不平等主要表現就是婚姻上的不平等。具體體現在兩個方面：一方面是未嫁的女子必須聽從「父母之命，媒妁之言」，不得私定終身，否則就是敗壞家風，有損祖德，要受到十分嚴厲的處罰。另一方面是已婚的婦女要「從一而終」、「嫁雞隨雞，嫁狗隨狗，嫁個扁擔抱著走。」表現在丈夫活著的時候要做賢妻良母，相夫教子，丈夫死後要獨守貞操，終生不得改嫁。即使是家境貧困，無依無靠也應該守節至死。

到了宋朝的末期，婦女「節守貞操」逐漸成為一種風氣。為此，統治者又對那些以犧牲自己的人身權利為代價而獨守貞操的青年婦女或立志守節、不甘受辱而殞身的女子大加表彰，為她們樹立「貞節牌坊」或者「烈女碑」，並記入史冊，以使全社會學習這種精神和行為。

在這種封建禮教的束縛下，女性思想被禁錮，行為被約束，理想被埋沒，才智被壓抑，愛情被摧殘，生命被戕害。

禮的機械化——禮教

到了宋代，禮逐漸走向教條化。宋代的理學家認為，由於卜古宗法制度的破壞，造成了社會秩序的混亂和道德的失衡，因而需求重新建立起宗法制度。這些制度化的理學思想就形成了封建禮教。這種禮教得到統治者的支援，於是以國家法律法令的形式被固定下來的禮教在社會上被普遍認同並傳播，中國社會的禮治變成了禮的教條。禮教開始影響中國社會長達近千年的時間。

明清：家庭禮制完善，封建禮教衰微

到了明清時期，西方文化開始傳入中國，極大地衝擊了儒學的地位。至清朝晚期，封建禮教開始衰微，出現了多種文化交流融合的局面。但由於全面實行以儒學為考試內容的科舉制度，士人死讀書，只學到了禮的制度化、形式化的東西，導致禮的凝固化。同時，各種儒教思想深深植根於家庭教育中，又形成了束縛人們行為的家庭禮制。

西學東漸，中學成熟

近代早期西方文化輸入中國，是伴隨著海上貿易和耶穌傳教士的傳教活動而開始的。十五世紀末，隨著新航路的開闢，歐洲商人、傳教士大量東來，他們不僅給中國人帶來了歐洲的宗教神學，同時也將新的世界觀和西方的自然科學知識傳播到中國，開啟了部分中國士人的眼界，這就是西學東漸。在西學東漸中，來華傳教士利瑪竇占據著核心地位。

利瑪竇之所以重要，主要有以下原因：一是他透過摸索，制定出了一套頗具示範性的、適應中國文化的傳教策略，使得西學在中國的傳播成為可能；二是他留下了大量有價值的中西文著述，對西學東漸做出了重要貢獻。

利瑪竇在傳播西方文化的時候，對禮儀制度進行了調和與變革。他認為祭祖、敬禮是中國社會非常重要而且沿襲已久的傳統禮儀，而不是宗教禮儀，中國的祭祖是維繫孝道的一種重要的習俗，而且從基督教的立場來看，這不是偶像崇拜，不是非排斥不可的宗教儀式。對於敬孔，他認為中國的讀書人「為了感謝他在書中傳下來的崇高學說，使這些人能得到功名和官職。他們並不念什麼祈禱文，也不向孔子求什麼。」於是他尊重中國人的祭祀習俗。同時他還以儒家經典中的天、上帝來稱呼天主教的天主，認為二者異曲同工。

當時來華的傳教士中，比較有影響的還有艾儒略、熊三拔、湯若望等人。藉助於這些傳教士而得以傳播的西學，涉及的範圍也相當廣泛，其中包括天主教哲學、古希臘哲學、倫理學、語言學、邏輯學、地理學、美術、音樂、西洋火器、歷算、數學、水利、建築、醫學、生物學等。因此可以說這是一次全方位的和平、平等的西學東漸。

清初，由於傳教士延續了利瑪竇的學術傳教策略，再加上康熙皇帝熱衷於西學，一些士大夫上行下效，因此雖然有清初的禁教，但西學東漸達到了前所未有的高潮。皇帝推崇西學，朝廷上下研究、傳播、運用西學成為一時的風尚，西學對於中國學術思想的發展造成了不可忽視的推動作用。

西學熱如火如荼的情況，而中國的儒學則受到了極大衝擊，封建的禮教開始衰微，中國出現了多種文化交流融通、異彩紛呈的局面。到了清朝晚期，隨著洋務運動的開展，西學東漸成為不可阻擋的潮流，進入了中國的各個領域。

第二節　魅力獨特的禮尊老尚齒

中國人講究尊老尚齒。尊老是指對老者或長者的尊敬與敬重；尚齒是指對年長者要尊崇，以禮相待。

在古代，尊老尚齒所指向的人群包括：依照家族譜系上的行輩劃分的本家族中的長輩；以年齡來劃分的年長於己者；專指老年人。

那麼，古人為什麼如此重視尊老尚齒之行呢？一方面，從客觀的角度來說，人到了一定年齡，身體逐漸衰弱，需求社會給予更多的關愛，這是必然。另一方面，老者，他們一生操勞，為家庭、社會奉獻出了自己的才智，老有所養，老有所終，這是應得的回報。而且，年齡標誌著一個人的人生經驗和智慧，也標誌著一個人思想道德水準的高度。對其尊崇，可以讓其在安度晚年的同時，老有所用，為社會起餘熱。最重要的是，統治者用禮制來規定尊老尚齒的根本目的是為其政治服務。統治者期望的是萬民順從，天下大治的景象。而順由敬生，有了敬意、恭敬、尊敬，才會有順從。百姓敬順父母，進而敬順天下父母尊長，最後達到對統治者的敬順，便可形成一個恭順有序的天下。

古人尊老尚齒的族群範圍極為廣泛，由天子到百姓，無所不及。

禮之道，孝為先

孝道思想是中國古代儒家倫理道德規範的核心內容，也是人們立身處世的依據。早在漢魏時期就已出現大量以孝子事跡為題材的雜傳，書寫通俗、內容淺顯，很好地對儒家的孝道思想進行了通俗化的宣傳。《二十四孝》由元代郭居敬輯錄古代二十四個孝子的故事編撰而成，上自帝王，下到平民百姓，且絕大部分在歷史上確有其人，增加了孝行的可信性。

比如，書裡第一個故事說的就是古代帝王舜的故事。舜是五帝之一，姓姚，名重華，號有虞氏，史稱虞舜。相傳他的父親瞽叟及繼母、異母弟象多次想害死他：讓舜修補穀倉倉頂時，從穀倉下縱火，舜手持兩個斗笠跳下逃脫；讓舜掘井時，瞽叟與象卻下土填井，舜掘道地逃脫。事後舜毫不嫉恨，仍對父親恭順，對弟弟慈愛。他的孝行感動了天帝。舜在厲山耕種，大象替他耕地，鳥代他鋤草。帝堯聽說舜非常孝順，有處理政事的才幹，就把兩個女兒娥皇和女英嫁給他；經過多年觀察和考驗，選定舜做他的繼承人。舜登天子位後，去看望父親，仍然恭恭敬敬，並封象為諸侯。

《禮記．祭義》中談論了社會各個方面尊老尚齒的具體行為，並指出：尊老尚齒出於孝悌之心。全國上下，由天子倡導，人人尊老敬長，形成良好的社會風氣，政局才能夠得到全民敬順，和諧有序。

敬老恭讓

恭讓，含有謙謹、恭敬、禮讓之意，其實質體現了一個「敬」字，即透過恭恭敬敬地「讓」這一行為，來表達對他人的「敬」。上至天子，在生活中的一些細節上，也體現了恭讓敬老的美德。天子在巡遊的路上遇到老者，會停下車向老者行軾禮；天子巡狩，到了一國，要先會見百歲老人等。

這種恭讓、謙敬，又常以禮儀示範的形式體現在一些禮儀活動中。如在鄉飲酒禮中，首先要從老者中選出一位賢能且德高望重之人做主賓，其他老人為眾賓。儀式從邀請主賓開始，到行飲酒之禮結束，恭敬、謙讓、拜謝的禮節時時得到體現。

儀式開始時，主人要迎於庠門之外，「三揖至於階，三讓以賓升」。五十歲以上的人雖已被納入老年人的行列，但是為了明示尊敬長者的禮儀，在鄉飲酒禮上，仍要站立聆聽教誨，以與六十歲以上的人形成對照。《論語．鄉黨》篇說到：「鄉人飲酒，杖者出，斯出矣。」這是說，在這個禮節儀式上，手有王杖的老人離開，別人才能離開，否則就是失禮。

養老之禮

養老之禮有兩重含義：一是指一種養老的禮儀活動，這種活動是由國家各級行政機構為老者定期舉行的。如天子所行的養老禮和以尊老尚齒為宗旨的鄉飲酒禮都屬於此類。二是指具體的養老禮節，即在日常生活中，給老者提供一些衣、食、住、行及政治活動等方面照顧和優待的禮節。古代對年高德劭的老者按時餉以酒食而敬禮之的禮節。

日常生活中具體的養老禮節主要是對老人的照顧和優待，從心理上予以安慰。曾子說：「孝子之養老也，樂其心，不違其志。樂其耳目，安其寢處，以其飲食忠養之，孝子之身終。」說的就是贍養老人，不僅在飲食方面要發自內心地照料，並使其起居安適，更要愉悅其耳目，令其內心快樂。這樣做才是真正的孝子。

《弟子規》中還講到「親有疾，藥先嘗，晝夜侍，不離床」，說的是父母生病時，要不離不棄，衣不解帶的侍奉在床邊。侍奉父母服用湯藥，則要親口嘗過，確定湯藥不冷不熱，才放心讓父母服用。這也體現出了古時的養老之禮。

《禮記．祭義》曰：「古之道，五十不為甸徒，頒禽隆諸長者，而弟達乎獀狩矣」。這是說，在田獵時，五十歲以上的人就不再充當差役。而分配獵物時，年長者則應多分。

禮尚中庸——適度的禮

中國禮儀除了講敬老，還講究中庸。

中庸思想在儒教中占據著主導地位，它要求人們行禮、做事都要適度，既不得過於奢侈，亦不可過於儉省。在對待先祖神靈及其他尊長的態度上，既要做到謙恭、虔敬，又要謹慎、得當，同時，對長者順從也要適當，做到敬而無失。

首先奢儉適度。在行事或舉行禮儀活動時，可以有必要的紋飾。但紋飾太過就是奢，紋飾不足便為儉。真正合乎禮的做法是奢儉適度。祭祀的儀式規模不可求大，不可特別偏愛喜慶的禮儀。牲的規格並非越肥大越好，供品的種類也不是越多越好。如果士祭祀的時候使用卿大夫才可用的太牢，就等於盜竊，且被視為僭越的行為。相反，像齊景公的宰相晏平仲那樣祭祀時只用一隻小得蓋不上碗的豬腿，著洗過多次的舊衣帽去上朝，難以體現其誠與敬，也是不合於禮的。

其次敬而無失。《孝經．廣要道》也說：「禮者，敬而已矣。」故「敬其父則子悅，敬其兄則弟悅，敬其君則臣悅，敬一人而千萬人悅。所敬者寡而悅者眾，此之謂要道也。」可見，古人治禮以敬為要義，並在禮儀運用過程中使之得以體現。國君祭祀時要行再拜禮，俯首至地，要脫掉左臂衣袖來宰割牲體，以表示對神靈極端的尊敬、徹底的服從。君臣共進飲食，君若以爵賜臣，臣要離開席位，對君行再拜禮。兒子如與父母不在同一宅院居住，就要在天微明之時動身向父母請安，把美味甘甜的食物孝敬給父母。諸侯相見，三請三讓後才得入府。以上種種現象皆體現出恭敬之情。

春秋時期的一個叫孫元覺的小孩兒就曾經給人們做出了敬而無失的表率。他十分孝順長輩，可他的父親對祖父極其不孝。有一天，父親竟然要把病弱的祖父扔到深山裡去。孫元覺哭著跪倒在父親面前，懇求他不要這樣做。可是父親卻哄騙他：「爺爺年老了，年老不死會變成妖怪的。」來到了山裡，父親把爺爺放下就要離開。孫元覺一聲不吭地背起裝爺的竹筐，父親不解，孫元覺說：「等到你老了，就能用上它了。」父親一聽，大吃一驚，最終改變了主意，重新把爺爺接回了家。孫元覺沒有順從父親，但使祖父免去了餘生的悲慘，使父親免去了棄父荒野而遭世人唾罵的不義之舉，這雖是不順，卻是大孝大敬。

另外，孫元覺能使父親改變主意，不僅在於他對長輩的孝順，也在於他的聰明機智。因此在行事之時，敬與順是主旨，靈活變通亦不失為實現主旨的好的方式。

古人又云：「君子敬而無失，與人恭而有禮。」（《論語・顏淵》）這是說待人謙恭有禮，而且虔敬、謹慎才不會有過失，這樣才可稱為君子。

容儀有整——外表的禮

在古代，有禮首先表現在外表上。古人認為，一個人的外在修養，是一切禮的開始，也是一個人內在修養的外在表現。自身修養好了，才能夠立足於社會，才會成就大的事業。

孔子說：「不學禮，無以立。」說的是一個人缺少禮的修養，便沒有立足之處，更不用提在社會上有所成就了。正所謂「凡人之所以為人者，禮儀也」。

而學禮，應該從何處著手呢？「禮儀之始，在於正容體、齊顏色、順辭令。容體正、顏色齊、辭令順而後禮儀備，以正君臣、親父子、和長幼，君臣正、父子親、長幼和而後禮儀立。」（《禮記·冠義》）

首先要嚴格要求自身的儀容、儀態、言談舉止。只有儀容端正，表情莊肅，說話和順，君臣的名分才能夠得以確立、父子才會更相親相愛，長輩晚輩才能和睦相處，禮儀才能成立。因此，古人重冠禮，在冠禮中要三次加冠，每次都要端正其儀容，並換上與冠相配套的服飾。其目的就是透過這樣的儀式，使冠者「容體正、顏色齊、辭令順」，從而重視其自身角色的變化。另外，古人把容儀言行是否符合禮儀標準作為考察一個人修養好壞、能否擁有某些社會權力的一個必要條件。

生活中如此，對於官場更是如此。《禮記．表記》曰：「上不瀆於民，下不褻於上。」這是說身處高位對百姓有威儀尊嚴，於低位者亦必不敢對其有所褻慢。相反，處高位者，如果輕狎侮慢，失去莊重之態、恭敬之心，那麼即便是以「死」來威脅，百姓亦不會畏懼。可見，自我不注重容儀言語辭令的修養，是對他人的不尊，同時也得不到他人的尊重。

儀表，它是人的靜態外觀，包括人在服飾、容貌等方面的表現。符合禮的儀表，應該是嚴整潔淨、端莊恭敬而得體規範。

嚴整、潔淨，這主要就衣冠鞋襪而言，是最起碼的為人禮儀。在古禮中這方面的要求多而細緻。《弟子規》說到，帽子要戴端正，衣服鈕子要扣好，襪子要穿平整，鞋帶應繫緊，一切穿著以嚴整、端莊為宜。

端莊恭敬，這既體現在服飾穿著之上，亦體現在神情神態之中，以這樣的儀容與人交往，可觀、可尊，而且無聲地傳達著對他人的尊重。

古代對女子儀容儀態的要求更嚴格。這在「三從四德」之「婦容」上得以充分體現。鄭玄註：「婦容謂婉娩。」婉娩，表示儀容柔順。班昭認為：「盥浣塵穢，服飾鮮潔，沐浴以時，身不垢辱，是謂婦容。」這主要強調的是女子的清潔。藍鼎元《女學》更是繁苛雜瑣：「婦容，貴端莊敬一，婉娩因時，則有若事親之容，敬夫之容，起居、妊子、居表、避亂之容。」他要求婦女在不同情況下和不同環境中要有不同的儀容。

綜述而言，得體規範，這主要表現在衣著、情態要適合身分、地位、場合，符合禮的規定。

所著服飾，潔淨、素樸、雅緻為宜，不可盲目追求華美，亦不可另類。另外，戒詭異。更重要的是，衣著服飾的穿用，還要根據性別、身分、所處的場合等情況而有所不同。

以性別定服飾，不得有所差池。孩子剛開始學說話時，要給男孩佩戴皮製小囊，女孩則佩戴絲織的囊。

對於官員，天子制定了五種服飾制度，各有尊卑等差之別。這五種服制為天子、諸侯、卿、大夫、士等。各級職官著服一定要與自己的官職相符，不得僭上逼下。除穿著外，神情神態等也需求得體，也就是說，要與身分、所處境況相符合。

儀態主要指的是人的動態外觀，即人在行、走、坐、臥與視聽等一切行為舉止方面的具體表現。「非禮勿視，非禮勿聽，非禮勿言，非禮勿動」（《論語·顏淵》）便是它的原則。因此輕浮、狎褻為其禁忌。從其特點看，概括地說，從容端莊、謹慎恭敬、有度合宜符合禮的形態。

從容端莊，「坐如鐘，站如松，行如風，臥如弓」是古人所倡導的正確行止之儀態。這與《韓詩外傳》中所說的「立則磬折，拱則抱鼓，行步中規，折旋中矩」異曲同工，皆強調行走坐臥之合乎規矩的端正之態。

謹慎恭敬，古禮中對人舉止行動的規定可謂細緻繁雜，卻無一不體現恭敬謹慎之態。認為唯有以禮為標準，有禮有節才合宜。禮數的多少應以地位的尊卑作為依據。凡事只要依禮而行，便不為過。

品性德行是指儀態有度合宜，在對於笑的規定中亦得以體現：父母病時，笑不露齒齦。為人子，不隨意嬉笑。喪禮上，不可笑。手執引棺的大繩時不能笑。

言語辭令，它是人與人溝通的重要工具，是人際交往的橋梁。同時言語辭令又常常是一個人內心修養、為人處世態度的外化表現。言辭符合禮法便會贏得他人的尊重和親近，以至信任，甚至也會有助於安身立命。但同時，言辭又如刀箭，「出言不當，反自傷也」。因此言辭的使用宜慎重、得體，不可輕言妄語。

第一，言語辭令宜悅耳怡心。第二，言語辭令宜道人善，勿揭短。第三，言語辭令宜謹慎。這點古人極其重視。原因是一方面言行謹慎是人的穩重端莊使然；另一方面也體現了古人明哲保身的思想。第四，言辭誠信。

稱謂的謙敬與避諱

人際交往中要使用稱謂，有了稱謂，彼此溝通才更加方便。但稱謂又不可太過隨便，它要傳達出自身的謙卑謹慎及對他人的尊重。這樣便有謙稱與敬稱之分。另外，在稱謂的使用中還要注意避諱，這既是對對方的尊重，也可以避免給自身帶來不必要的麻煩。

謙稱，一般用於稱呼自己及與自己有關的人與事物，常常以含有微小、卑下、低賤之意的言辭來表達謙遜、尊重。概括起來大致有以下幾種情況：

自稱己名以示謙卑。古人有名、字、號。名是幼時由父親所取，供長輩、尊者呼喚。字是成人時由尊長所取，供同輩或晚輩稱呼。交往中，通常自稱己名，表示謙卑和對他人的尊敬。

用地位低下者的稱謂來自稱，表達謙卑。臣、僕、小人等為男子自稱；婦女往往用妾、婢、奴、奴婢等自稱以表謙卑。可以說，謙稱就是用貶低自身的方式來抬高對方身分、地位，以表示尊重。同時，這樣做又可以令對方得到心理上的滿足，為交流能夠順利進行開啟一扇門。

敬稱，也叫尊稱。用來稱呼對方的敬辭，一般多用於社交場合或書信之中。稱他人的字以表示尊重。交往中，稱平輩或受尊重之人的字是尊重的行為，而稱其名則顯得失禮。《禮記．曲禮》中就規定，國君對上卿或世婦、大夫對世臣或侄娣、士對管家和有孩子的妾皆不可直呼其名。有時為了表示尊重，名與字都不稱呼，而稱其別號。如稱陶潛為五柳先生，稱蘇軾為東坡。此外，有人認為稱呼別人的字、號還不夠尊敬，於是就以其官職、籍貫來稱呼，如杜甫被稱為杜工部，稱韓愈為昌黎先生。用含有美好、尊貴之意的詞語加在所指稱的人或物前表尊重。如令、尊、賢、貴等詞放在其他詞前，組成令愛、令女、令郎、令尊、令翁、尊府、賢弟、貴府等含有尊敬之意的稱謂。另外，對有學問、有德行的男子常常以「子」來表尊稱，如孔子、孟子等。謙稱與敬稱之間，很多詞語構成反義，一方面貶損自己，一方面抬高他人，這就是交際之道。

避諱是一種文化習俗，在人際交往中，避免某些不祥或禁忌的字眼，是對對方的尊重，同時也可以避免不愉快和不必要的麻煩，甚至不良後果。因此，《禮記．曲禮》說「入境而問禁，入國而問俗，入門而問諱。」

從情感的角度，又可把避諱分為敬諱與惡諱兩種。

避諱的方式很多，大致可歸納為換字法、空字省字法、缺筆法等幾種。

換字法，即以同義字、近義字或近音字等來替代應避諱之字，這是最常使用的方法。如漢明帝叫劉莊，當時就把《莊子》一書改稱為《嚴子》；唐朝人為避太宗李世民的諱，把「民」字改為「人」。

空字省字法是將應諱之字空著不寫，代之以空格、方框等，或乾脆將此字省去，或以「某」、「諱」等字代替。

缺筆法，就是在遇到應避諱之字時，直接將該字少寫一筆兩筆，表示自己並未犯該字之諱，而同時又不影響行文達義。

避諱雖有可取之處，卻也有它消極的一面。如明武帝朱厚照，曾發文全國，禁止養豬、殺豬，給百姓生活帶來不便；另外改字、空字，也對歷史文化的傳承起了消極作用。如王昭君為避司馬昭的諱而曾經被改稱為王明君。如不了解避諱之習俗，很可能對歷史的理解產生偏差。

禮有等差——不同的禮

古人云：「名位不同，禮亦異數」，並以禮器來「名貴賤，辨等列」，這都體現出了「禮有等差」這一特點。古禮規定，根據地位、輩分的不同，所行的禮數、所受的禮遇也都有區別，不得僭越與縮減，否則即為失禮。

孔子在《禮記·表記》中說，按照爵位排列次序來區分貴賤等級；安排各項職事來辨別才能的高下；宴飲時按照年齡來排座次，是為了區分長幼的次序。正因為有了貴賤、高下、尊卑、長幼的區別，才使家庭、社會呈現和諧、有序的狀態，從而促進社會發展和國家的長治久安。

因此，古代統治者須按照階級差別來制定禮儀，日常生活中的吃穿用度、言談舉止以及政治生活中的行事交往都以禮的等差形式被規定著。可以說，禮的等差是古禮重要而鮮明的特徵。

第三節　異彩紛呈的禮

祝祈福祥——吉禮

古人認為，天地間的神鬼主宰著人世間的一切，也包括國家的興衰存亡。如果人們以恭恭敬敬的態度，向神鬼奉上美好的食物、器物等供其饗用，那麼神鬼便會滿足人們消災降福的祈求，並且可以保佑人們的安康以及國家的安寧與興旺。因此說，祭祀之禮是祝祈福祥之禮，為吉禮，在古代占據著重要的地位。

祭祀對象

歷代以來，人們都是把安邦定國、撫民畜生有功者確定為祭祀的對象，目的是追懷其功績，以表示對其崇敬、報答的情意。古代人祭祀的對象主要包括天神、地示、人鬼三大類，每類中又有等級之分。

天神又分為三個等級，即昊天上帝、日月星辰和司中、司命、風師、雨師。

昊天上帝，亦稱皇天上帝、上天、天帝、天父、皇天等，是主宰一切宇宙萬物的最高神靈，人們相信上天控制著整個世界，可以為人間降福，同時也會懲罰有罪的臣民。日月星辰明於上天，其光明即為上天之光明，而且其普照萬物、供人仰望，所以人們亦予之以敬重。

地示，即地祇。亦分為三等，以尊卑為序。社稷、五祀、五嶽為第一等；山林川澤為第二等；四方百物為第三等。

社，土地神。《禮記．郊特性》曰：「地載萬物，天垂象，取材於地，取法於天，是以尊天而親地也。故教民美報焉。」古人的生存依賴於大地，因此古人「親地」，並加以「美報」，而且形成了對「后土」（與皇天相對）的崇拜，於是出現了土地神，人們對其予以敬奉。

稷，指五穀之神。養育人民，建立國家的物質基礎是遼闊的大地和五穀物產，因此，古代的君主為了祈求國事太平，五穀豐登，每年都要到郊外祭祀土地神和五穀神。社稷便成為了國家的象徵，後來人們就用「社稷」來代表國家。

五祀，即五行之神。它們與四時相配，祭之於四郊，又各有其配食之神。亦即《漢書議》所云：「祠五祀，謂五行金木水火土也。木正曰句芒，火正曰祝融，金正曰蓐收，水正曰玄冥，土正曰后土。皆古賢能治成五行有功者，主其神祀之。」五嶽，即東嶽泰山、南嶽衡山、西嶽華山、北嶽恆山、中嶽嵩山。嶽，即高峻的山的意思。古人認為，高山「峻極於天」，而皇帝號稱天子，因此歷代皇帝都要親臨或派人到五嶽祭祀。

山林川澤，為人類提供了生存的物質資源，因此也成為人們祭祀的對象。此外，天旱之時的雩祭，周代則「天子雩上帝，諸侯雩山川」；漢代則「令縣邑以水日雩社稷山川，家人祀戶。無伐名木，無斬山林。」這是因為，山林川澤為地面之水源的緣故。

人鬼，這主要是對祖先的祭祀，但也包括對歷代帝王、先聖、先師等的祭祀。《周禮·春官·大宗伯》曰：「以肆獻祼享先王，以饋食享先王，以祠春享先王，以礿夏享先王，以嘗秋享先王，以烝冬享先王。」祠、礿、嘗、烝為春、夏、秋、冬的祭名。也就是說，在四季皆要對先祖進行祭祀。

祭祀方法

對於不同類別的神靈，古人祭祀的時間、地點、方式以及所用歌舞、祭品種類與規格等都各不相同，參祭者的身分也有區別。這和古人對自然界的認識及其階級觀念有著極大的關係。同時，在古代的祭祀中，某些在功德等方面可為後代或世人之表者，則可與受祭對象匹配，得以一同受祭，稱配祭。

在古代，只有天子才有祭天的資格。《禮記·王制》曰：「天子祭天地，諸侯祭社稷，大夫祭五祀。天子祭天下名山大川。五嶽視三公，四瀆視諸侯。諸侯祭名山大川之在其地者。天子、諸侯祭因國之在其地而無主後者。」就是說，只有天子才有祭祀天與地以及一切神靈的資格，諸侯只能祭祀土地神、穀神等，大夫可以進行五祀之祭。天子宜祭祀天下的名山大川：祭祀五嶽，用享三公的九獻禮；祭祀長江、黃河、淮河、濟河，用享諸侯的七獻禮。諸侯可以祭祀其封地內的名山大川。天子諸侯還應祭祀在其境內的已經滅亡而沒有後嗣的古代先王、先公。顯然，古人的祭天之儀有著嚴格的規定。

祭天在時間、地點上皆有規定，即一定要於冬至日，在南郊舉行祭天儀式。古人認為天陽地陰。冬至日，天氣轉暖，陽氣上升，因此選擇此日來與天神相交接。方位上，南方亦為陽，所以選擇南郊，這也是順應陰陽之義。

在祭祀之中常常離不開音樂與歌舞。從六樂所包含的意義來看，祭祀之時盛樂而舞，是為了能夠感召眾神，從而得以和合邦國、和諧萬民、安撫賓客、悅服遠人、興盛萬物。因此，古人祭祀之時，要「六變而致象物及天神」，即樂舞要演奏六遍，使天地間的萬物及上天皆被感召。

此外，在祭祀之前就要把樂舞教給國子，因此六樂還有教育國子完善「六德」（中、和、祇、庸、孝、友）、學習「六語」（興、道、諷、誦、言、語）的作用。

但是，並不是所有的祭祀皆奏樂歌舞。《禮記．祭義》曰：秋天霜露覆蓋於大地之上，君子踏上這霜露，心中因秋將離去而想起離去的親人，因此產生淒愴的感情，所以祭祀時不必奏樂；而春天雨露滋潤大地，君子踏上這雨露，必然會有所觸動，而疑惑將會見到死去的親人，因而心中充滿喜悅，所以祭祀的時候宜奏樂歌舞。

古人祭祀先祖必於廟中。

天子所立之廟包括父祖、曾祖、高祖之廟和祭祀始祖后稷的太廟（文王、武王以前先公之主亦藏於太廟），這都是每個月祭祀一次。而官師只有一父廟，祖父可以在父廟裡祭祀。再往上則不祭。

普通適士和庶民沒有廟，祭祀祖宗就在居室內進行。

向上祭祀，最遠可到高祖，那麼向下的祭祀也有規定。對未成年而死的子孫，天子可以往下祭祀到五代，即從嫡孫可至嫡來孫（玄孫之子稱「來孫」）。諸侯往下祭三代，大夫往下祭兩代。適士和庶人只能祭到嫡子。對先聖、先師的祭祀為學校的立學之禮，以釋奠禮為主。

所謂釋奠，就是以陳列酒食的方式來祭奠先聖、先師。最初的釋奠沒有特定的對象，至漢代，先聖定為周公，孔子則為先師。唐代，罷周公，立孔子，並以孔子的得意弟子顏回為先師而配享。配祀先師者，最早為顏回一人，後世漸漸增至四配、十哲。

四配，指顏回、曾參、子思、孟軻四位配享於孔廟的傑出的孔門弟子。十哲，孔子用德行、言語、政事、文學四科來評定學生，其中顏回、閔子騫、冉伯牛、仲弓、宰予、子貢、冉有、季路、子游、子夏為優秀者，於是這十個人便被視為孔子的得意弟子，唐代開始，祭祀孔子時便以此十人為配享，稱為十哲。至清代，增補到十二哲。

祭祀孔子的場所為孔廟，也叫夫子廟、文廟。孔子逝世後的第二年，魯哀公將孔子的三間故宅改建為廟，收藏先師的衣、冠、琴、車、書冊等遺物，每年定期祭祀。後經歷代修繕、擴建，成為今日九進五重門的曲阜孔廟。魏晉南北朝時期，各政權分別於京城建孔廟，立孔子像，置放禮器，設樂祭祀。至隋朝廟學合一，孔廟便隨州縣學府遍布全國各地。

虔誠之祭

祭祀是極為誠敬之事，祭前則必齋戒。齋戒，含整齊之意，其目的是調整身心以達到整齊專一的要求。「齋者不樂」，就是指齋戒之時要防範邪物，遏制嗜慾，連音樂都不要聽，從而集中心思，消除心中的一切雜念，只想合於道的事情。是時，手足亦不得亂動，而只能做合乎於禮的事情。

古代君王齋戒一般為十天。先以七天穩定心思，稱為散齋。這七天，重在收斂心性，整齊身心。

散齊後，再用三天的時間對身心來做最後的調整，稱為致齋。致齋三天必須晝夜居於室內，散齋的七天則可以外出。

在致齋的日子裡，要時時思念死者生前的起居、談笑、思想、愛好、口味等，這樣致齋三天之後，則會彷彿親眼看見所要祭祀的祖先了；到了祭祀那天，進入室內，面對屍獻祭之時，則會隱隱約約看到祖先的容貌，聽到祖先的聲音，這樣才能體現祖先的愛戴到了極點，虔誠之心到了極點。

祭祀之前，祭主要竭心盡力去操辦。凡是天下生的，地上長的，水中產的，只要可以用來薦獻的，都可以拿來做祭品。而且，天子與諸侯要親自耕田，提供祭祀所需的穀物；皇后及國君夫人，則要親自養蠶，提供祭祀所需的禮服。

此外，天子諸侯要在齋戒沐浴後，親自檢視祭祀所用的牲畜；祭祀之前，又要親自選擇毛色，進行占卜，得到吉兆後要加以特別飼養；每月初一、十五都要去巡視這些牲畜。如此盡心而又恭敬地侍奉神明，是不忘先祖的表現，是對先人的報答，這樣的行為勝過千萬教化之語。

透過祭祀之禮，祭主的言行，可以教育人們對外尊敬君王、長輩，對內孝順父母。對於聖明的君主來說，虔誠、恭敬地舉行宗廟社稷的祭祀之禮，可以使大臣們甘心服從，令子孫之輩學會孝順。因此，古人稱祭祀是教化的根本，即「祭者，教之本也」。

禮樂相和——射禮

射禮是中華禮儀文化的重要形式，是我們民族氣質、性格、思想的重要表達載體，是華夏獨特的人文景觀。射禮講究謙和、禮讓、莊重，提倡「發而不中、反求諸己」，重視人的道德自省，本質上是一種健康道德的巧妙導引方式，是華夏先民寓德於射、寓禮於射、寓教於射的珍貴的人文實踐成果。

與其他禮儀儀式相比，射禮中的階級觀念、專制色彩等劣質部分相對較少。比如，主持鄉射禮的是賓，而不是地方行政長官。賓是尚未獲得官爵的處士，但德行卓著，由賓來擔任射禮的主角，顯然是為了提倡尊賢的風氣。

人選一經確定，州長要親自登門約請。行禮之日，州長要在序門之外迎賓。在射禮的三番射的環節，大夫身分雖然比較高，但射禮要求，他們也要與士一一配合為耦。這種不論階級身分、崇尚德行、講究平等的精神在傳統文化中是相當難能可貴的。

中國自武王克商之後，開始脫離神話時代、轉向人本主義時代。儒家特別注重人的全面發展，認為人的精神與體魄都是由人自己主宰的。人類不僅要有健康的體魄，而且要有健全的精神。只有在健全的精神的前提下，體魄和技能才有價值。

因此在春秋時代，儒家鑄劍為犁，在保留田獵之射的形式的同時，將射獵「飾之以禮樂」，重塑了射擊競技運動的靈魂，將它改造成為富有哲理的「弓道」，成為引導民眾全面發展、社會走向和平的教化之具，這是中華文明對人類的貢獻之一。儒家主張人類的和諧發展，所以在鄉射禮中，不是勝利者，而是失敗者要用大杯飲酒，不過飲的是罰酒，因為他們無論是技能還是德性都沒有達標，需求警示。這是東西方文化的顯著的差別之一。

射禮分類

一是大射，這是天子、諸侯祭祀前選擇參加祭祀人而舉行的射祀；二是賓射，是諸侯朝見天子或諸侯相會時舉行的射禮；三是燕射，是平時燕息之日舉行的射禮；四是鄉射，是地方官為薦賢舉士而舉行的射禮。射禮前後，常有燕飲，鄉射禮也常與鄉飲酒禮同時舉行。

大射前燕飲依燕禮，納賓、獻賓、酬酢及奏樂歌唱娛賓，宴畢而後射。掌管大射禮儀的司射，袒露左臂，執弓挾矢到階前請求射禮開始，有司將弓矢獻給君王，並設定計算成績的「中」和算籌，以及懲處違禮者用的「撲」。中是盛放算籌的器具，刻製成獸類跪伏之形，背上可容八算。按規定君王用「皮樹中」（皮樹是一種人面獸身的動物）「閭中」（閭是一種獨角獸，如驢）和虎中。大夫用兕中，士用鹿中。

射禮的流程

備禮：做好舉禮的各種準備工作。布置好場地，組織好參禮及觀禮人員。把弓、箭、籌等器具搬到西堂下陳設好。司射、有司、射者在西堂下面向南列隊站好。獲者就位。主人在場地外迎接賓的到來。

迎賓：賓至，主人迎上，相互行揖禮入場登堂而立。

開禮：司射自堂西取弓及箭，登堂報告賓，「弓矢既具，有司請射」。賓辭讓，對曰：「某不能。為二三子。」許諾。司射踏在階上，東北面告於主人，曰：「請射於賓，賓許。」請注意，射禮全過程中，司射都需挾乘弓矢。如果弓箭匱乏，可不做強求。

配耦：司射把六名射者，將射藝相近者兩兩配合為一組，一共三組，分別稱為上耦、次耦、下耦，是所謂「三耦」，每耦有上射、下射各一名。

納射器：就是司射命令射者取納弓箭用具。司射下階，面向西命射者「納射器」。上耦兩人各取弓一把，箭四隻。

倚旌：就是司射命令獲者以旌旗為射者指示靶心的位置。司射命獲者，「倚旌於侯中」。獲者把旌旗倚靠在侯的中央，為全場指示箭靶中心的位置。司射命令三耦：「依次而射，不得雜越！」上耦脫去左手的外衣衣袖，在右手拇指上戴上鉤弓弦用的扳指，在右手臂上套好護臂，左手執弓，右手的指間夾一支箭，另外三支插在腰帶中。

誘射：即司射為眾射者做示範。這其中有詳細的禮節過程：由堂西行揖禮，然後進。到階下時，北面行揖禮。踏上階，揖。走上堂，揖。先將左足踩到射位符號上，面朝西，再扭頭向南，注視靶的中部，表示心志在射箭，然後俯身檢視雙足，調整步武，最後開弓射箭，直至將四支箭全部射完。獲者在其射完後，自乏後出，把箭取回，插到堂西的箭架上，然後返回原位。

一番射：第一輪射。第一番射是習射，所以不管射中與否，都不計成績。上耦的兩位射手上堂射擊，按照司射的要求在射位站好，目光盯住靶心，等待司射的命令。司射在堂下命令道：「無射獲，無獵獲！」（意思是，不許射傷報靶者，不許驚嚇報靶者）。上射向司射行禮後射擊，射出一箭後，再從腰間抽出一支箭搭在弦上，然後由下射射。如此輪流更替，直到將各自的四支箭射完。報靶者揚聲向堂上報告射中的結果。接著，上耦下堂，次耦上堂，雙方在西階前交錯時，相揖致意。

次耦習射的儀式與上耦相同。最後，次耦下堂，下耦上堂習射。至此，司射上堂對賓行揖禮，稟告賓：「三耦座射。」（意思是三耦都已射畢）賓行揖禮還。

二番射：指第二輪射。第二番射是正式比賽，要根據射箭的成績分出勝負。參加者除三耦之外，還有主人和賓。主人與賓配合為一耦，主人擔任下射，以示謙敬。

首先由三耦比射。司射命令上耦開始射擊。兩位射手相互拱手行禮後上堂，報靶者迅速離開靶位。司射宣布說：「不貫不釋！」（凡是沒有射穿箭靶的，一律不計成績。）

兩位射手像第一番射時那樣輪流開弓射箭。如果射中箭靶，負責計算成績的有司，就抽出一支籌丟在地上。上射的籌丟在右邊，下射的籌丟在左邊。如此這般，三耦全部射畢。

接著是由賓與主人配合成的耦上堂比射。比射的流程以及計算中靶次數的方法，與先前一樣。射畢，有司拿起剩餘的籌報告賓：「左右卒射。」（左右射都已射完。）然後，有司開始按照前面的計算方法，統計最後成績並向賓報告。

最後是罰酒及獻酒環節。司射命令三耦和主賓耦：「勝者皆袒決遂，執張弓。不勝者皆襲，說決拾，卻左手，右加弛弓於其上，遂以執。」（意思是，勝方射手脫去左袖，戴上扳指，套上護臂，手執拉緊弦的弓（表示能射）。負方射手穿上左衣袖，脫下扳指和護臂，將弓弦鬆開。）各耦射手先後上堂，負方射手站著將罰酒喝完，再向勝方射手拱手行禮。司射酌酒向報靶者獻酒，並到靶前的左、中、右三處致祭。司射酌酒向堂下釋籌的有司獻酒。第二番射至此完成。

三番射：第三番射的過程與二番射基本相同，只是比射時有音樂伴奏。樂工演奏《詩經．召南》中的〈騶虞〉，樂曲的節拍要演奏得均勻如一。司射在堂下宣布：「不鼓不釋！」（不按鼓的節奏射箭的，不得計數。）三番射與二番射的程序相同，先由三耦比射，然後主賓耦比射。凡是應著鼓的節拍而射中靶心者，有司就抽出一支籌扔到地上，最後將比賽的結果稟告賓：勝方贏若干籌，或者是雙方射平。三耦、賓、主人順序上堂，負方射手喝罰酒。三番射至此結束。

旅酬：是射禮的餘興節目，古禮要求從身分高的人開始，依次向下進酬酒。參禮者相互敬茶或水。敬飲之前需相互行揖禮，樂隊循環奏樂以助興。

送賓：賓起身告辭，走到西階時，樂工奏〈陔〉的樂曲。賓出場地，參禮者皆相隨，主人在門外以再拜之禮相送。然後，所有參禮人員相互行揖禮告別。最後，主人組織有關人員收拾器具、打掃射禮場地。

筵席邊的射禮：投壺之禮

投壺之禮是由射禮演化而來的，是古代上層貴族們宴飲賓客時，為助酒興娛樂賓客而舉行的一種帶有遊戲性質的禮儀。整個儀程及比賽的方式與射禮基本相似，但相比於射禮，簡單易行、趣味濃厚，可以很好地活躍宴飲氣氛，因此為人們所喜愛。《後漢書·祭遵傳》曰：「對酒設樂，必雅歌投壺。」

箭與壺是投壺禮中最重要的禮器，分別相當於射禮中的箭與箭靶。只是投壺中的箭不是真正的利箭，而是用柘木或棘木削製而成的木箭，而且不許刮掉樹皮。箭身長度是由活動空間大小來決定的。若在室中投壺，要用二尺長的箭；若在堂上，則用二尺八寸的箭；若在庭中，則用三尺六寸的箭。顯然，活動空間越大，投擲的距離就越遠。

活動用的壺也有規定。壺的頸部長七寸，壺的腹部高五寸，壺口部直徑二寸半，壺的體積可以容放一斗五升的實物。投擲時，壺中要放入小豆，以免箭在投入後又跳出來。壺放置在離席位兩支半箭的距離。

投壺之禮一直流行到唐代，這是因為它既可以娛樂賓客，又可以防止賓客縱酒過度。更重要的是，它與普通的宴飲遊戲不同，它使賓主在娛樂之時，得到許多禮的教化。如投壺時，要按照規定的次序輪流投擲，否則即使投中，也不能算成績；投壺結束後，勝方要為負方斟酒，負方因失敗則要接受罰酒，並最後一同為勝方慶賀，這些都體現了有序和諧的君子之爭。

另外，有的諸侯國對參加投壺的年輕人的言行還做出了嚴格規定：不得怠慢，不得傲慢，不得背轉身站立，不得大聲與間隔較遠的人談話，否則將受罰酒。顯然，儒家所倡導的謙恭敬讓等美德在投壺之禮中得以體現。

待客之禮——賓禮

賓禮是古代天子、諸侯、使臣相互交往中涉及的一系列禮儀。《周禮．春官．大宗伯》說：「以賓禮親邦國：春見曰朝，夏見曰宗，秋見曰覲，冬見曰遇，時見曰會，殷見曰同，時聘曰問，殷覜曰視。」這段話的意思是說，周禮的賓禮是邦國間禮遇親善的禮節。古代賓禮有八種，春朝、夏宗、秋覲、冬遇、時會、殷同等六種禮節為公、侯、伯、子、男五等諸侯朝見天子以及諸侯之間互相朝覲之禮。

具體來說，也就是各路諸侯朝見天子，或諸侯間相互會見以及使臣往來的種種禮節。由於時間和形式的不同，分為八種。這八種賓禮的種種細節，歷來學者多有爭議。它對秦漢以後各王朝的影響很大，各個王朝群臣朝覲皇帝時的禮儀、皇帝出巡時的禮儀、王朝與周邊國家使臣之間的交往禮儀等都以此為基礎。

聘禮

聘，即問候之意。聘禮指的是諸侯派使者問候天子以及諸侯之間派使者相互問候的禮節。諸侯聘問天子有定期，即《禮記．王制》所說：「諸侯之於天子也，比年（一年）

一小聘，三年一大聘。」在聘問之期，諸侯將派遣卿大夫作為使者，到京城向天子作禮儀性的問候，並報告邦國的情況。

諸侯之間，長時間相安無事，便派使者互致問候，以增進兄弟國之間的情誼。以卿為使者稱大聘，以大夫為使者稱小聘。諸侯之間行聘問之禮亦定期：每年派大夫行小聘，間隔二三年派卿行大聘，國君更換後，繼位的君王要親自到其他諸侯國聘問。

聘問之時，因使者國君的爵等不同，所帶介的人數也各有差異。《聘義》曰：「上公七介，侯伯五介，子男三介。」《儀禮·聘禮》所記的聘禮仲介用五人。由此可見，為侯伯之卿的大聘。

關於聘禮的故事最有名的當數「完璧歸趙」。據西漢司馬遷《史記·廉頗藺相如列傳》記載：「城入趙而璧留秦；城不入，臣請完璧歸趙。」這是說：藺相如受命帶寶玉去秦國換十五座城池，他見秦王沒有誠意，可玉已經在秦王手裡，憑著自己的聰明才智，終於使寶玉完好回歸趙國。

聘禮可分成四個階段：聘問前的準備、聘問正禮、聘畢後諸儀以及聘後覆命。每個階段又包括眾多的小節，煩瑣複雜。

聘問前之準備包括戒使、備禮、告禰、受命等儀節。戒使，即任命使者。出聘前，國君任命一卿作為正使；一大夫作為上介，即副使；眾介由宰任命，由四位士人擔當。

出聘的前一天，國君要檢視行聘的禮品，禮品包括皮革、布帛、馬匹等。經檢視確定無誤後，國君離開，由副使監督裝車。出聘之日，使者與副使都要到自家的禰廟，向廟主報告將要出使之事，報告後，將幣帛裝入竹器中埋在東、西階之間，並在路神前放下布帛，然後前往朝中接受國君的命令。

朝門外，使者在車上插好旜旗後，率領隨行人員前往治朝受命。國君面朝南而立，請卿召見使者，使者及隨行人員相繼入內，面朝北而立。國君行揖致意，讓使者上前。賈人（掌管交易物價的下吏）取出圭，交給宰，宰交給使者，使者接過的同時，聽取國君之命，並要複述一遍國君之命。然後將圭交給副使，副使出門將其授還賈人。接著，以同樣的儀節將獻給聘問國國君的璧、獻給國君夫人的璋和琮授給使者。然後，一行人馬即可出發。走到郊外時，使者脫下深衣，收起旜旗。

聘問途中禮儀大致包括假道、預演威儀、入境展幣、主國郊勞、致館設飧等儀節。行程之中，如果要路過其他國家，必須派次介帶著五匹帛去過往國家借道。對方同意後，收下禮物。使者與隨行者起誓絕不擾民之後方可入境。

入境後，過往國國君將依照禮節饋贈使者牛、羊、豕三牲及草料，對其他隨行者也均有饋贈，然後派士送出國境。

聘問正禮階段包括聘享、賓覿、饋食、問卿、勞賓等儀節。聘問期間，國君和大夫皆要以饗禮、食禮來款待使者及副使。

聘畢後諸儀包括還玉、贈賓等儀節。使者一行人將要歸國，國君派卿前往歸還圭、璋，並贈以五匹紡。國君還要對使者的國君回贈以玉、五匹帛、四張虎豹皮等禮物。同時，國君還要親往館舍為使者送行。向使者的國君、國君夫人行聘問、進獻之禮，問候各位大夫，並對使者表達送別之情。使者隨國君至朝請命，並三次行拜禮答謝行前國君以禽鳥饋贈之舉，禮畢即可踏上歸途。

聘後覆命包括覆命、告廟、酬勞隨行宅之儀節。行至本國近郊，使者請交人報告國君請求覆命，並穿上朝服，插上旃旗，舉行陌災避凶的禳祭，之後進入匡都。於朝陳列受聘國國君卿大夫贈送給使者、副使的幣帛後，使者、副使先後塞命，並獻上出使時帶去的圭、璋以及對方贈送的禮物，然後向國君詳細陳說出使的經過。國君慰勞使者一行人，並分別賜予幣帛。

聘問之時，可能會意外遇到喪事。這要根據具體情況分別予以對待。如果受聘國國君、夫人或嫡長子去世，而使者已進入該國國境，則應該繼續進行聘問活動，只是禮數要降低：無郊勞，聘享後不以醴酒禮賓，使者所需食物雖然依禮一併送去，但使者只留下煮熟的食物和未殺之牲，使者歸國前，不向使者回贈禮品。

若聘問途中得知本國國君去世，如果已入受聘國境內，則繼續行聘問之事。報喪者未至，出使人員要在巷門哭泣，於館舍著喪服。不接受饗食之禮。報喪者至，則可以著喪服出館舍；接受食物時，只能接受米穀和草料。使者歸國時，要捧著圭至殯宮，在國君遺體前向世子覆命，儀節與以往出聘歸來向國君覆命一樣。之後行奔喪禮儀。

在中國古代，最有名的使節當屬蘇武了，蘇武牧羊的故事家喻戶曉。

蘇武是西元前一世紀漢朝人。西元前一百年，匈奴政權新單于即位，漢朝皇帝為了表示友好，派遣蘇武率領一百多人，帶了許多財物，出使匈奴。不料就在蘇武完成了出使任務，準備返回自己的國家時，匈奴上層發生了內亂，蘇武一行受到牽連，被扣留下來，並被要求背叛漢朝，臣服單于。

最初單于派人向蘇武遊說，許以豐厚的奉祿和高官，蘇武嚴詞拒絕了。匈奴見勸說沒有用，就決定用酷刑。當時正值嚴冬，天上下著鵝毛大雪。單于命人把蘇武關入一個露天的大地窖，斷絕食品和水，希望這樣可以改變蘇武的信念。時間一天天過去，蘇武在地窖裡受盡了折磨。沒有屈服的表示。

單于決定把蘇武流放到西伯利亞的貝加爾湖一帶，讓他去牧羊。在這裡單憑個人的能力是無論如何也逃不掉的，唯一與蘇武做伴的，是那根代表漢朝的使節棒和一小群羊。

這樣日復一日，年復一年，使節棒上面的裝飾都掉光了，蘇武的頭髮和鬍鬚也都變白了。在貝加爾湖，蘇武牧羊達十九年之久。這時候，新單于執行與漢朝和好的政策，漢朝皇帝立即派使臣把蘇武接回自己的國家。蘇武在漢朝京城受到熱烈歡迎，從政府官員到平民百姓，都向這位富有民族氣節的英雄表達敬意。二千多年過去了，蘇武崇高的氣節成為中國倫理人格的榜樣。

敬讓的邦交之儀

諸侯之間行聘禮，其主要目的是結交盟友、鞏固邦國之間的友好關係，避免侵略欺凌之事。因此在行禮之時，極盡所能地體現著相互敬讓之義。《聘義》曰：「敬讓也者，君子之所以相接也。故諸侯相接以敬讓，則不相侵凌。」如，聘禮中，雙方相見之前，各備傳話之人：賓（使者）用介，主（受聘問的國君）用擯者。相見之時，雙方的交流透過介與擯者一個接一個地傳達。這樣做是為了表明，君子對所尊重之人不敢有所怠慢，是互相恭敬的體現。

另外，賓要辭讓三次之後才傳達本國君王的問候，推辭三次後再進入廟門，又經三揖三讓才登上臺階。可謂敬讓之致。

古人初次拜訪地位相同者，或者拜訪地位高者一定要執禽摯前往，以表示誠敬。而與拜訪者地位相當的受訪者一定要回訪、還禮。這體現了中國人追求平等回報、崇尚往來的美德，是融洽親朋關係、加深情感的手段。

禮尚往來

《禮記．曲禮》曰：「禮尚往來。往而不來，非禮也；來而不往，亦非禮也。」友情從來都是相互的，禮尚往來，就是要在純粹的人情上給予平等的回報，只有這樣才可融洽親戚朋友關係，從而進一步加深情感。因此，士與士相見後，主人一定要依禮回訪。

回訪之禮一般適用於地位相當者。如士見大夫，大夫回訪，便降低了自己的身分，不回訪，又有行國君之禮而僭越的嫌疑，因為只有國君才可以受摯而不回訪，因此大夫最終是要辭摯而不受。

回訪時，主人拿著賓所贈的摯前往。君子以德義相交，而不以財物為重，因此受禮後定要奉還。主人至前日之賓而今日之主人家的大門外，透過擯者傳達求見之意，說：「前日蒙您屈駕光臨，使得某能與您相見。現在請允許某把摯奉還給您的擯者。」主人說：「某也榮幸地與您見過面了，現在您又屈駕來訪，實不敢當。」接下來，賓又兩次表示，自己卑微，不敢驚擾尊敬的主人，所以要把摯還給主人的擯者。主人經過辭謝後，表示恭敬地從命才好，答應接受摯。於是賓捧著摯進入大門，主人向賓行再拜禮，接過摯。賓授摯後行再拜禮，告辭，主人送至大門外，向賓行再拜禮。至此相見禮儀完成。

《儀禮．士相見禮》還依次記述了士見大夫、大夫相見、士大夫見君諸禮儀。清代張爾岐說，士見大夫以下諸儀「皆自士相見推之，故以士相見名篇」（《儀禮鄭注句讀．士相見禮第三》）。這是以士相見禮命名的緣由。因其相見的儀節與士相見禮差異不大。

另外，相互交往中，更強調文質彬彬、舉止有禮的儀表儀態，這是人德行的外化，所以在此禮中言談舉止皆有規定。如，燕見國君時，國君賜酒給臣下，臣下要離席，向國君行再拜之禮；接過爵後，要登席獻祭，然後才可將爵中酒飲盡，並要等國君飲畢方可將爵交給贊禮者；退席後，要到堂下跪著取鞋，然後到隱蔽處把鞋穿上；與人交談，因對象不同，而應言各有宜，但都應以厚德勸善為宗旨。

行兵杖之禮——軍禮

大師之禮

天子以軍禮的威嚴震懾邦國。諸侯膽敢抗上，天子則要調動軍隊，進行征伐、鎮壓，即行大師之禮。軍隊出師討伐是極其重要的國家大事，從準備出師到凱旋慶功，皆有一定的儀式。即使出師敗北，也有特定的回師、慰問儀節。

軍隊出征，有天子率兵親征與命將帶兵的不同，並且兩者的禮數規格都不相同。大師之禮，是指天子率兵親征。在軍隊出征前要舉行祭天、祭地、告廟以及祭軍神等祭祀活動。

天子出征之前祭祀天帝，叫類祭，儀節隆重。其意圖在於，透過此儀節將出兵征伐之事稟告天帝，讓天帝知道自己所行的是正義之師，從而可以得到天帝之命出征討伐，並得到其幫助。

祭天之後，要進行宜社儀式，即祭祀土地神。征伐敵人是為了安民衛國，因此也要告知土地神，並徵得其同意以及保佑。祭社前的各項活動與祭天基本相同，只是在祭祀之時是把祭品埋在方丘之下，以便讓神享用。

天子出征之前，還要到太廟告祭，並把在為帝王的亡父的排位載於齊車隨行，稱為遷廟主，以表達其行為「受命於祖」之意。如果無廟主可遷，則將用於告祭太廟的幣、帛、皮、圭等用齊車載以隨行，以代廟主。每天晚上都要祭奠，之後才可安寢。另外，軍隊出征歸來時，也要到太廟告祭，告祭結束，要把幣、帛等祭祀之物藏在廟的東西階之間。

軍隊出征之前祭祀牙旗，稱為禡牙。張衡《京都賦》曰：「戈矛若林，牙旗繽紛。」古代天子出征，豎起以象牙做裝飾的大旗，作為行進中隊前引導或作戰時陣上指揮的旗幟。

古人出征前還要祭路神，稱之為祭。祭最初行於道路之上，後來在國門外行禮。天子出征或狩獵，都要告祭所經過的名山大川，以祈求保佑。祭祀規格根據情況有所不同。祭祀時也要臨時撰寫祝文宣讀。

出師前，對出征的軍隊還要進行一次總動員，即誓師，在誓師典禮上宣講出征的意義，揭露敵人的罪惡，告誡將士嚴守軍紀，並鼓舞其保家衛國、奮勇殺敵。

天子為一國之尊，非不得已不會親臨危險的戰爭之地。因此，古代戰爭大多為命將出征。命將出征同樣也需求進行出師前的祭祀，但沒有祭天儀式。

命將出征儀式也非常隆重，天子要授斧鉞給主將，喻示著把軍隊的全部權力交給主將，並寄希望於戰事的勝利。

《漢書》曰：「唯聞將軍之命，不聞天子之詔。」意思就是有天子親授斧鉞的將軍，在離開國都後，他的命令就是至高無上的，超過天子，作為將士則應唯將軍命是從。

軍隊勝利而還，稱為凱旋。凱旋之時，奏軍樂、唱軍歌，以示慶祝。同時，征戰得勝還朝後，還要到祖廟報告戰況，同時也要到大學裡祭祀先師，報告捕獲的俘虜和殺死的敵人數目。在整個戰爭結束後，將軍得勝而還獻俘時，皆要奏凱樂。

戰爭得勝之後，天子定然要對將士論功行賞。在賞賜將士的同時，要舉行奏凱慶功宴，稱之為飲至，君臣同慶戰爭的勝利。當然，在重賞有功之臣的同時，對在戰爭中違反軍紀，或是給戰爭造成不利影響的人則要予以懲罰。賞罰分明，是軍隊乃至國家治理的必要手段。

兩軍交戰總要有勝負之分。古代軍隊打了敗仗，稱為「師不功」，或者稱「軍有憂」。《周禮．夏官．大司馬》有云：「若師不功，則厭而奉主車。王弔勞士庶子，則相。」意思是說，如果軍隊失敗，大司馬就要帶上喪冠，護衛者裝載遷廟主和社主的車返回。天子則要弔唁、慰勞公卿大夫在戰爭中死去或受傷的子弟。

大田之禮

大田之禮是指天子諸侯等每年都要定期舉行的田獵活動，主要目的是練兵、檢閱軍隊的作戰實力。因此有仲春教振旅、仲夏教茇舍、仲秋教治兵、仲冬教大閱之說。

為避免暴殄天物，田獵時有許多規定：天子不能把四面都包圍起來打獵，諸侯不能把整群的野獸殺光。天子、諸侯、大夫按次序獵取，大夫獵取後，就要命令副車停止追趕，開始讓百姓打獵。另外，獵取之時，還要避開動物生長、繁殖的時令。正月以後，漁人才可張網捕魚；九月後，才能舉行田獵；八月之後，才可以張網捕鳥。而且，不得獵殺幼獸，不取鳥卵，不殺懷胎的母獸，不掀翻鳥巢。這些規定對於保護野生動物資源、維持自然界生態平衡有著積極的意義，只是不可能真正嚴格實行。

振旅，即整隊班師。仲春之時，國家要用田獵的方式演練班師回國的陣法。大司馬在田獵場所豎起召集眾徒役的旗幟，按戰時的陣法整編佇列。教眾徒役學習分辨鼓、鐸、鐲、鐃等在戰爭中的作用：天子執路鼓，諸侯執賁鼓，軍將執晉鼓，師帥執提鼓，旅帥執鼖鼓，卒長執鐃，兩司馬執金鐸，公司馬執鐲，敲擊鼓、鐸、鐲、鐃，訓練眾徒役坐與起、進與退、快行與慢行、排列疏鬆與緊密的戰時技能。

訓練嫻熟後進行田獵。有司祭祀軍神後，改教眾徒役按規定捕獵，然後擊鼓圍獵。焚燒除草的火熄滅時，田獵就結束了，獵物要上交以供祭社稷之用。

茇舍，是指野外宿營。仲夏時節，國家要訓練眾徒役野外宿營之法。各級軍官整頓統計所率車徒，校錄兵甲器械。之後，教眾徒役辨識軍中各種徽號的作用。軍帥所佩徽號與各自帥府前旗幟上的徽號相同，縣鄙等地方官用自己的地名，采邑、食邑以邑名為徽號，六鄉各以州為名號，百官各以所掌之職為名。夜戰或夜守時，就以這些名號來辨別。辨別嫻熟後，舉行田獵，追趕野獸的車輛停下來後，田獵結束。獵物獻上，以供宗廟祭祀之用。

治兵，軍隊出發時的陣容。仲秋時節，國家訓練軍隊出兵之法。主要訓練眾徒役辨識各種旗幟的作用：天子之旗為畫有日月的大常（旗幟名）；諸侯的為畫有蛟龍的，軍帥的為畫有虎熊的旗，都家行政長官的為通帛的旃，鄉大夫和家邑的長官的是雜帛製成的物，郊野的公邑大夫的為，百官的為，所有旗幟上都寫上自己的名號和職事。辨別嫻熟後進行田獵。捕鳥獸的落網放下後，田獵結束，把獵物獻上，作祭祀四方神靈之用。

仲冬田獵前要教習大檢閱之法，儀式非常隆重。

田獵前三天，告誡兵士連繫戰法，有司剷除校閱場的雜草，並立表（立木作為標誌）。天未亮時，各級官吏向大司馬報告各自隊伍的情況；天亮時，大司馬誅罰遲到之人。然後校閱開始。

校閱結束，開始田獵。捕獲大的野獸歸公，小獸則歸自己，獵獲者除去禽獸左耳以計數。鼓聲大而急促、士卒高聲吶喊之時，田獵結束。以獵物祭祀四郊群神，返回都城之後，再獻祭宗廟。

為人立世之禮——倫常之禮

君仁臣忠

古人認為，聖明的君王應該擁有至高的德行，並施仁愛、恩惠於臣，達到「以禮治國、以德服人」的境界。作為臣民，在對君王盡忠孝、行忠順的同時，還要堅持正確立場，及時指出君王的過失。君臣各守其義，才合於禮。從君王的角度說，這體現的就是「以德服人」的仁政。

古人認為真正的仁政必須「德主刑輔」。先用德禮進行教化，教化無效則輔之以刑罰。德刑結合，形成剛柔相濟的「仁政」，這才是治國之道。

而實際上，歷代君王真正以禮治國、以德服人而施行仁政的並不多，在施政之時，常常是刑主德輔。相反，臣子應對君王忠心的道義卻被嚴格地維護著，如有違背，則被視為大逆不道，忠君報國之道義成了君王統治臣民的工具。

《禮記．曲禮》中說：「大夫死眾，士死制。」意思是說大夫就應該為保衛民眾而死，作為士人，就應該為執行君命而死。這樣的思想禮儀歷代承傳，不斷滲透，早已被臣民所接受，導致庶人皆知。因此，自古以來，忠君報國而死者眾矣。諸葛亮的「鞠躬盡瘁，死而後已」就是最好的明證。戰國時期楚國的三閭大夫屈原也是歷代傳誦的忠君愛國之士。

然而，從史實來看，所謂的臣子之忠，更大程度上體現的是順從。如秦二世矯詔秦始皇賜太子扶蘇死時，扶蘇便說：「父而賜死，尚安敢復請？」（《史記．李斯列傳》）太子如此，更何況臣子百姓了。可見百姓中流傳的「君命不可違」「君讓臣死臣不得不死」之語實非妄言。

人們歷來把岳飛作為精忠報國之典範來頌讚，可是其忠，只是忠於一人，是對大宋天子無條件順從之忠。他因忠君而放棄抗敵報國之大事，最終身死國亡。因此，人們對其忠也稱其為愚忠。

古禮主張君仁臣忠，應該是首先君王要仁德對待臣下，根據禮儀來發號施令。否則臣下如有不忠也不能怪罪，之後才可要求臣下忠心。而臣下的忠心，也不僅是聽從順服，如果君王的差遣是正確的，就應該盡力去執行，如果君王有錯誤就應該予以及時指出，以免誤國誤民。這樣的君臣之禮，在唐太宗李世民和臣子魏徵的關係上確實有所體現，但是在大多數朝代都是空談，只能作為一種理想。

父慈子孝

父母與子女的關係是以血緣關係結成的最親密的人際關係。其至親的骨肉之情為家庭的和諧美滿奠定了良好的基礎。在家庭中，如果能父母慈愛、子女孝敬、各守禮儀，就會形成父子相親、夫婦有別、長幼有序的和諧美滿的家庭狀態。因此，父慈子孝稱為儒家所提倡的人倫大禮，「為人子，立於孝；為人父，止於慈。」（《大學》）

首先，做父母的應該對子女有慈愛之心。在日常生活中給子女以關愛，令子女健康成長；反過來，子女感謝父母的養育之恩，又回報之以孝道。

父母對子女的慈愛，除了體現在生活中關心愛護之外，還應包含父母對子女的教育。儀態言談、待人接物、孝悌之禮以及文化知識等方面的嚴格教育，可以看作父母對子女的大慈。

子女對父母的孝，具體地說，表現在對父母的奉養、順從、尊敬等方面。父母年齡大了，生活起居各方面皆需求照顧，心理上也需求安慰，因此，在日常生活中，子女必須給予周到細緻的照顧，讓他們感受到天倫之樂。此外，父母生病，子女侍奉也是天經地義之事。而且在父母生病之時，不得享受琴瑟之樂，不得大笑，吃肉喝酒都要有節制。

孝的另一方面表現為順從。這種對父母為表孝心的順從，要終身奉行，即便是父母已經故去，也不得改變。正如《禮記．內則》所說：「孝子之養老也，樂其心，不違其志，樂其耳目，安其寢處，以其飲食忠養之，孝子之身終。終身也者，非終父母之身，終其身也。是故父母之所愛亦愛之，至於犬馬盡然，而況人乎。」《論語．學而》對此評論說：「父在，觀其志，父沒，觀其行。三年無改父之道，可謂孝矣。」意思是說，作為孝子應該讓老人快樂，除在生活起居、日常飲食方面悉心照料外，對他們的意願還要終身不得違背。

另外，即使父母去世，自己將做善事時，也要想著一定要把事情做好，以便給父母留下好名聲；如果將要做壞事，就要想著千萬不要使父母蒙羞，所以一定不要去做。

父母生前所喜愛的人與物，包括奴婢、庶子庶孫等，做子女的仍要終身給予關愛，如同父母在世一般。

婚姻大事也要絕對服從父母的安排，父母之命、媒妁之言絕不可違。即使已經結婚，仍要遵從父母的意志。即便特別寵愛的妻子，如果父母不喜歡，也要把她休掉，而自己不喜歡的妻子，如果父母說「她能很好地服侍我們」，那麼仍要與她行夫婦之禮，至死不渝。

孝順的兒媳婦，對公婆的吩咐不得違抗與怠慢。如果公婆賜給飲食，即使不喜歡也要品嚐一下；賜給的衣服，即使不喜歡也要穿起來。

子女之孝還體現在尊敬上。古禮對此也有很多具體規定：在父母公婆之所，如果他們有所吩咐就應該恭敬地回答「唯」，在他們面前前進、後退、轉身，都要恭敬嚴肅，舉止端莊。上下臺階、出入大門都要俯身而行且從容不迫。作為兒子，外出一定要告知父母，回來也要當面稟告。平常說話不能自稱「老」，平時不要坐在室內的西南角，那是尊者之位；坐椅子時，也不要坐在中間；走路時，不要走在路中間。父母召喚時，要在答應「唯」的同時站起身來。對父母公婆的飲食起居等一切生活用具皆要敬而遠之，子女只在吃其剩下的食物時，才可以動用。

夫義婦隨

在中國古代婚姻中，丈夫對妻子只是承擔道義上的責任，而妻子則要遵從丈夫的一切意旨，以「三從四德」為行為準則，根本沒有獨立的人格與權利。夫婦之間應有的恩愛之情根本無從談起。

儒家的夫婦之禮對女子的要求相當嚴格、嚴厲，甚至是苛刻。《儀禮．喪服》曰：「婦人有三從之義，無專用之道，故未嫁從父，既嫁從夫，夫死從子。故父者，子之天也。夫者，妻之天也。」班昭甚至在《女誡》中說：「夫有再娶之義，婦無二適之文。」男子至尊，女子一生唯有服從，即使丈夫死了，也不得再嫁。

另外，在女子出嫁前，「四德」是必修的內容，以便到了男家懂得規矩而避免被休回。知恥守節、端莊順從、相夫教子、尊老愛幼、勤儉節約為妻子的行為規範。作為妻子，如有違反，輕則受到教導、責備，重則被休掉。

夫義婦從體現了男尊女卑的封建思想，是男權社會家庭中夫權統治的工具。

兄友弟恭

古人常把孝悌相提並論，認為孝悌是禮的核心，是為人之本。人皆行孝悌之禮，則犯上之現象便會減少，作亂之事甚至會消失。兄長對弟弟的關心、友愛，體現在方方面面。長兄如父，兄長要有父親般的慈愛，同時還要擔負起父親一樣的教育職責，關心弟弟成長，輔助其行冠禮，幫助其完成婚事，引導其言行，知道其思想。

弟弟對兄長的恭敬、順從，在《朱子童蒙須知》中也有規定：「父兄長上有所教督，但當低首聽受，不可妄大評論，長上檢責，或有過誤，不可便自分解，姑且隱默。久，卻徐徐細意條陳云，此事恐是如此，鄉者當是偶爾忘記。或曰，當時偶爾思省未至，若爾，則無傷忤，事理自明。」、「父兄長上座起處，文字紙劄之屬，或有散亂，當加意整齊，不可輒自取用。」

另外，在很多有關禮儀的典籍中，都涉及了弟弟敬順兄長之禮：陪兄長坐，要長露靜候之色，敬聽之態；兄長有所命則起立；尊長有倦色，則請退。行路時，要與兄長「齒雁行」，不可相隔太遠，如有所問，以便應對。

第三章　古之禮，承千載

第四章　傳統禮，伴一生

第一節　生命開端——誕辰禮

人的一生與禮和禮儀相伴始終，關係密切，每一個特定的時間點和時間段都有相應的禮儀活動。這些禮儀活動大多在家庭或親族的小範圍內舉行。

從大的方面說，人生的四個重要階段——誕生、成年、婚姻和死亡——就有著四種相應的禮儀形式。

中國傳統的人生禮儀是超越個體生命過程的，在個體生命誕生之前，就已有許多指向這個尚不存在的個體生命的禮儀，如各式各樣的求子儀式和各種預測生男生女的習俗。

生育在古人是一件十分關心的大事，因為這關係到香火的延續。如果結婚後一兩年還沒有孩子的話，人們就會採用各種儀式來求子。

其中最普遍的就是求神拜佛。一旦懷孕便叫「有喜」，被認為是一件了不起的喜事，既是小家庭的喜事，也是大家族的喜事。所以懷孕期間便有許多禁忌，同時還根據孕婦的反應和表現來預測生男生女，如酸兒辣女（喜酸生男，喜辣生女），兒勤女懶（懷男勤快，懷女懶散）等。

中國古時候就有胎教之說，《顏氏家訓·教子》說：「古者，聖王有胎教之法：懷子三月，出居別宮，目不斜視，耳不妄聽，音聲滋味，以禮節之。」這些都是嬰兒誕生之前的禮儀。

嬰兒即將誕生時還有一些催生的習俗，如吹著笙送喜糖桂圓，寓意催生；臨產時開啟箱櫃房門等，寓意產門開，等等。嬰兒誕生之後直至五歲，又有五個重要的時間點：初生、三朝、滿月、百日和週歲。這五個重要的時間點上各有一些相應的禮儀和禮俗。

出生禮

嬰兒初生的第一項禮儀活動是報喜，向親戚朋友鄰居以及宗祠報喜。由於古時重男輕女觀念的影響，早在先秦時就有了弄璋、弄瓦之說。璋是古代貴族所用的玉器，代表男孩，預示所生的男孩長大後能執玉器為王侯，所以生男孩就叫弄璋之喜；瓦是古代女子紡織的紡磚，代表女孩，所以生女孩便稱弄瓦之喜。

報喜的同時，門口還要張掛嬰兒誕生的標誌，這既在一定範圍內造成了報喜的作用，同時還能防止不知情者的貿然闖入，提醒一些特殊人物如孕婦、服孝者等自行迴避。這個標誌通常是一種能說明性別的象徵物，《禮記．內則》說：「子生，男子設弧於門左，女子設帨於門右。」弧是弓，弓是武士的象徵，代表男性；帨是佩巾，代表女性。

三朝禮

新生兒誕生之初，雖有報喜等禮俗，但都不能觸及嬰兒。一般要到第三天才舉行一個正式的禮儀來慶賀新生命的誕生。屆時親朋好友帶著賀禮來道喜，主人需設宴款待。這一天還要對新生兒舉行幾種儀式：

一是對臍帶和囟門作禮儀性的處理，俗稱落臍炙囟。

二是象徵性地開奶和開葷。先是抹幾滴黃連湯在嬰兒的嘴上，邊抹邊說：「三朝吃得黃連苦，來日天天吃蜜糖。」然後蘸一些用肥肉、狀元糕和酒、魚、糖等食品製成的湯水在嬰兒的唇上，也邊蘸邊唱：「吃了肉，長得胖；吃了糕，長得高；吃了酒，福祿壽；吃了糖和魚，日日有富餘。」最後讓嬰兒嘗一口從別人那裡要來的乳汁。

三是三朝禮中最典型的洗三，也叫洗三朝。用槐枝和中草藥煮成的湯水給嬰兒沐浴，也是邊沐浴邊唱祝詞：「洗洗頭，做王侯；洗洗腰，一輩倒比一輩高；洗臉蛋，做知縣；洗腚溝，做知州。」洗完後用薑片、艾蒿擦腦門和身體的重要關節，以使孩子健壯；還要用新布蘸清茶水擦嬰兒的牙床，讓他放聲大哭，以此為吉兆，俗稱「響盆」；最後還要用大蔥打三下，據說能使他聰明伶俐。

滿月禮

滿月禮很隆重熱鬧。生子滿月值得慶賀，產婦出月也該紀念。滿月禮是備受重視的一個禮俗。嬰兒滿月這天，主家要大擺宴席，款待親朋。來賓都有賀禮，包括童衣、被、銀盾、長命鎖、手鐲、腳鐲、雕有吉語的壓勝錢等。其中鐲子一定要活口的，否則於嬰兒不利。

嬰兒滿月後許多禁忌就隨著解除了，所以主人要請親朋好友來喝滿月酒。據《東京夢華錄》記載，宋朝小兒滿月時，主家在盆中燒了香湯，親友就撒錢在湯中，稱「天盆」。這是一種獨具特色的饋贈儀式。

滿月時還有剃胎髮、出門遊走等儀俗。剃胎髮是滿月禮中的一項重要儀俗，多由舅舅主持，是母系社會人際關係的某種遺留。

剃頭時額頂要留「聰明髮」，腦後要蓄「撐根髮」，眉毛則要全部剃光，剃下的頭髮還要收藏好。這種習俗一直延續到現在。

滿月遊走也叫滿月逛街，是一種為嬰兒祈求吉祥的活動，目的是讓嬰兒能象徵性地見世面，以便將來能有出息、有膽識，成為一個精明能幹的人。

挪臊窩

舊俗「出滿月挪臊窩」，是說孩子滿月後已可到戶外活動了。滿月後，產婦可攜嬰兒在娘家人陪同下回娘家小住，少則幾天，多則十天半月，全憑婆婆根據當時情況一口而定，叫做「挪臊窩」。

臨行前，要給嬰兒的鼻尖兒用墨、煙灰或鍋底的黑煙灰抹成黑色；從姥姥家回來時，改用白粉將鼻尖兒抹成白色。有「黑鼻兒去，白鼻兒來」的俗諺，意思是去時黑瘦，回來時變白胖了。

途中車轎出城過橋，母親要抱好嬰兒，口中叫著孩子的乳名，以免「丟魂兒」。回來時，一般午飯後即動身，必在日落前到家。姥姥、舅舅、舅母等都要給嬰兒懷中放個包有禮物或銀元的紅封子，作為第一次來姥姥家的見面禮。

一般來說，產後一個月內，產婦大多數時間在炕上坐臥。古人認為產婦生孩子後身體比較虛弱，如果不保養好，一個月內最容易得病，而且一旦生病還不好調養，必須再生孩子時才能養好，叫做「月子裡得病月子裡養」。因此，伺候月子成為產婦家的大事。

富裕人家有專門傭人照料產婦，而大部分市民家庭則由產婦的丈夫或婆婆親自伺候月子。但產婦的丈夫在這一個月內不得與產婦同房、同住，而要到其父母處住。另外，產婦忌吃生冷的東西和使用冷水，不能洗頭、洗澡，不許做針線活、刺繡等。

出滿月，挪臊窩，標誌著產婦結束了「坐月子」的生活，可以正常行動了，同時也解除了諸多禁忌。

百日禮

嬰兒過百日也叫過百歲，也叫百晬、百祿。

百有圓滿、完全的意義，所以百日禮多在「百」字上做文章，其中最有特色的就是百家衣和百家鎖。

百家衣是一種集鄰裡各色碎布連綴而成的服飾，形狀如僧衲，是為嬰兒祈壽而做的，據說能託百家之福消災避難。

百家鎖也是一種集百家之金銀打製而成，或由多家人家合送的象徵物。鎖上多有「長命百歲」、「長命富貴」等祝福吉祥的文字或圖案，所以也叫長命鎖。

週歲禮

一週歲時，行週歲禮。週歲是誕生禮的總結，也是壽禮（生日禮）的開始，所以一般慶祝時都比較隆重。所送的禮品多為衣服鞋帽，其中鞋子是必不可少的，因為此時孩子已能蹣跚行走了。舊時送虎頭鞋的最多，據說穿上虎頭鞋，小孩就能壯膽闢邪，安全成長。

週歲禮中流行最普遍的是抓周，是中國民間預卜嬰兒前途的習俗，又稱為「試晬」、「試周」、「試兒」，一般在嬰兒周歲時進行。

抓周是第一個生日紀念日的慶祝方式。它與產兒報喜、三朝洗兒、滿月禮、百日禮等一樣，同屬於傳統的誕生禮儀，其核心是對生命延續、順利和興旺的祝願，反映了父母對子女的舔犢深情，具有家庭遊戲性質，是一種具有人倫味、以育兒為追求的信仰風俗。

滿週歲行「抓周兒」禮的風俗，在民間流傳已久。不少著述在論及抓周習俗的歷史時，都稱此俗至少在南北朝時已普遍流行於江南地區，至隋唐時逐漸普及全國。

清末民初，北京民間仍然盛行這種小兒「抓周兒」禮。雖然小兒週歲並不搭棚辦酒席，也不下帖請客，但凡近親們都不約而同地循例往賀，聚會一番。一般不送大禮，僅是給小孩買些糕點食物或玩具。另外在習慣上，凡與小孩初見的長輩們，都用一掛白線，拴上錢幣，給小兒套在脖子上，謂之「掛線」。

「抓周兒」的儀式一般都在吃中午「長壽麵」之前進行。講究一些的富戶都要在床（炕）前陳設大案，上擺印章、儒、釋、道三教的經書，筆、墨、紙、硯、算盤、錢幣、帳冊、首飾、花朵、胭脂、吃食、玩具。如是女孩「抓周兒」還要加擺鏟子、勺子（炊具）、剪子、尺子（縫紉用具）、繡線、花樣子（刺繡用具）等。

一般人家，限於經濟條件，多予簡化，僅用一銅茶盤，內放私塾啟蒙課本《三字經》或《千字文》一本，毛筆一支、算盤一個、燒餅油果一套。女孩加擺鏟子、剪子、尺子各一把。由大人將小孩抱來，令其端坐，不予任何誘導，任其挑選，視其先抓何物，後抓何物，以此來測卜其志趣、前途和將要從事的職業。

如果小孩先抓了印章，則謂長大以後，必乘天恩祖德，官運亨通；如果先抓了文具，則謂長大以後好學，必有一筆錦繡文章，終能三元及第；如是小孩先抓算盤，則謂將來長大善於理財，必成陶朱事業。

如是女孩先抓剪、尺之類的縫紉用具或鏟子、勺子之類的炊事用具，則謂長大善於料理家務。反之，小孩先抓了吃食、玩具，也不能當場就斥之為「好吃」、「貪玩」，也要被說成「孩子長大之後，必有口道福兒，善於『及時行樂』」。總之，長輩們對小孩的前途寄予厚望，在一週歲之際，對小孩祝願一番而已。

透過小孩抓周兒，在客觀上檢驗了生母、看媽、奶媽對小孩是如何帶領的，是如何進行啟蒙教育的。因此，有些家長並不迷信，但仍主張讓小孩抓周兒，也是這一風俗得以持久在民間流傳的原因之一。

第二節　長大成人——成人禮

冠禮

古代男子年滿二十歲時要行加冠禮，即為其依次加戴緇布冠、皮弁、爵弁三種冠，以表示其已成年，開始承擔各種社會責任與道義。另外，女子成年要行笄禮，十五歲為始笄之年。

冠禮是為男子跨入成年而舉行的加冠儀式，它由遠古氏族社會的成丁禮發展而來。冠禮原本只是一種禮俗，經過傳承，並被統治者加以改造，至周代開始成為一種禮制。在周代，男子冠禮、女子笄禮作為制度被確定下來。至漢代，對冠禮非常重視，帝王、太子等行冠禮時常常要大赦天下，封賞百官臣民。在南北朝時期，冠禮亦備受皇家重視，行禮儀式極其隆重。至唐代冠禮開始漸趨衰落，宋元明三代雖然都實行冠禮，但已經不被重視。至清代冠禮被廢止。

男子加冠之後，在履踐禮儀、擔負責任的同時，也會擁有一定的社會權利，如婚娶、祭祀、參政等，從此便可走向仕途，擔當重要的政治角色。據記載，嬴政十三歲登基，直到九年後才得以親政。由此可見，冠者才有「治人」之權，行冠禮乃治人之本，即「為人而後可以治人也」。

按照冠禮的規定，行冠禮必須在宗廟中舉行，而在宗廟中舉行的活動都是十分重要的。而且，舉行冠禮前，冠禮的時間與主持者，都要透過占筮來確定，可見古人對這一禮儀的嚴肅態度。冠禮中，要三次加冠，一次比一次尊貴；冠後，冠者要見母親、兄弟，並去拜見國君、卿大夫等官職較高者及德高望重之人。

古人對於冠禮極其重視，那麼，為什麼如此重視呢？

重冠禮者即重禮。重視冠禮的同時，也能表明對禮的重視。禮規範人們的行為、思想，是治理國家、安定天下非常重要的手段。因此，重視禮便被古人看作治理國家的根本大事。重視冠禮的每個細節，不僅可使冠者得到禮的教育，而且可使所有參加冠禮之人都會受到相應的教育，促使其遵禮守節、恭讓敬順，從而加強社會統治。

加冠之後，就要開始以儀容端正、表情嚴肅、說話和順等容儀來規範自己，開始遵守成人的禮儀標準，修養自身德行，把自己向更加符合儒教思想的人培養，為將來建功立業打下基礎。

冠禮同時也是父子相繼的宗法倫理思想之體現。《禮記·冠義》曰：「冠於阼，以著代也。」阼，堂前東面的臺階，主人迎賓之處。世子加冠一定要在阼階之上，用以表明冠者將來要代替主人成為一家之主，內持家政，外執國事，決定家族承繼與興衰榮敗。

最重要的是，加冠可使冠者明確社會倫理綱常以及社會責任，努力踐行孝、悌、忠、順之道，成為合格的兒子、弟弟、臣子、晚輩，真正擔當起合格的社會角色，這樣才有資格去治理別人。而且，加冠後才能擁有婚姻、祭祀以及參加賓射、饗燕、賀慶之禮的權利，因此冠禮是行一切禮儀的前提，因此說：「冠者禮之始也，嘉事之重者也。是故古者重冠。」（《禮記·冠義》）

冠禮的儀程大致分三個階段：冠期前之諸儀，包括筮日、戒賓、筮賓、宿賓、為期等；冠禮的正禮，包括陳服器、就位、迎賓及贊者、始加、再加、三加、賓醴冠者、見母、字冠者等；正禮後之諸儀，包括冠者見兄弟、贊者、姑姊，冠者執摯見國君、鄉大夫、鄉先生、醴賓、歸賓俎等。

男子二十歲行冠禮，表示已成年。女子成年行笄禮，十五歲為始笄之年。《禮記·內則》曰：「十有五年而笄。」《禮記·雜記》又曰：「女雖未許嫁，年二十而笄。」女子在十五歲至二十歲之間，只要許嫁便可加笄。如果一直待嫁未許配於人，那麼最遲在二十歲時也要行笄禮。

女子在行笄禮之前，也必須經過一定的學習，但學習內容與男子大不相同，主要是為婚後相夫教子、敬順舅姑、操持家務、嚴守婦道做準備。

第三節　合巹而飲——婚嫁禮

人類經歷了聚生群處、血族婚、對偶婚之後，出現了以婚禮來規範異性結合的一夫一妻制的婚姻形式，這是人類從矇昧走向文明的一個重要標誌。婚禮舉行的時間，禮服與禮器的規制都體現出了古人陰陽相合的思想。最重要的是，夫妻關係是一切人倫關係的根本。

《禮記．昏義》開篇即云：「昏（通「婚」）禮者，將合二姓之好，上以事宗廟，而下以繼後世也。」婚禮的意義首先在於把兩個異姓家族連繫起來，結成血緣關係，以延續家族生息，傳承家族事業。即對上以侍奉宗廟，對下以繼承後世。家族的血緣得到繼承，形成穩定、和諧的社會團體，國家才能穩定、繁盛，因此婚禮受到古代君子的重視。

婚姻，最初寫作「昏因」。從這些引文當中可以看出，古代婚姻指的是男女嫁娶之事，於黃昏之時，男方行迎娶之禮，女方因男方而來，而成為婦人。所以稱為「昏因」。

婚禮議程

提親

男女婚姻大事，依父母之命，經媒人撮合，認為門當戶對，互換「庚貼」（年齡、生辰八字）壓於灶君神像前淨茶杯底，以測神意。如三日內家中無碗盞敲碎、飯菜餿氣、家人吵嘴、貓狗不安等「異常」情況，則請算命者「排八字」，看年庚是否相配、生肖有無相剋。舊時有人迷信所謂六年大沖、三年小沖；男婚年齡逢雙，女子十九不嫁；謂雞狗（雞犬不和）、龍虎（龍虎相鬥）、虎羊（羊落虎口）、蛇鼠（蛇吞老鼠）難相配，待認為周全後始議親。

定親

定親前議親，議親始議「小禮」，在買賣婚姻年代均討價還價。

定親後，男方將上述禮品用槓箱抬到女方。女方回禮多為金團、油包及閨女自做的繡品。定親憑證，男方送「過書」，俗稱「紅綠書紙」（紙張兩層外紅內綠），女方送「回貼」認可，俗稱「文定」。故舊時夫妻吵嘴，妻子常說我是有「紅綠書紙」的，以此抑制丈夫。

繼「文定」後擇吉迎娶，由擇日店揀「好日」的日子。

親友送禮，婚禮多是現金，或喜幛、喜軸，並書以「百年好合，五世其昌」、「天作之合」等。送嫁禮多為繡花或綢緞被面、被頭或日用器物，亦有送紅棗、花生、桂圓、蓮子，寓「早生貴子」意。舊時有媒人首次進門不能喝茶的習俗，謂「媒不飲茶」，說喝了茶要沖淡婚事。又稱媒人為「媒百樹」，媒成能吃上「百餐」，要酬以「謝媒酒」，但婚後如夫妻不和或婆媳不睦，媒人有調解責任。

成親

迎親日子叫「好日」。俗諺「請吃酒，掗拜生」，好日前新郎拿著紅紙「知單」請長輩親友吃喜酒（好日酒），長輩要在自己姓名下寫上個「知」字。好日前有待郎、待嫁習俗，雙方父母親請子女吃包子、蚶子、肘子、栗子、蓮子，討「五子登科」彩頭。好日前三五天，男方送女方「轎前擔」，一般為鵝二隻、肉一方、魚二尾等。

男方去女方搬嫁資（嫁妝），女方置嫁資於廳堂，讓人觀看，稱「看嫁資」。器物披掛紅色綵線，衣服等薰以檀香，箱底放數枚銀元，俗稱「壓箱錢」。嫁資搬到男方，亦陳列於廳堂供人觀看，亦叫「看嫁資」。由阿婆取女方鑰匙包，取鑰開箱，俗稱「掏箱」。

迎親前一日，男方要「安床」，由一位「全福」婦女，取筷子繫紮紅線，安放新郎蓆子下，稱「安床」。

婚前一至三天夜裡，由一個父母雙全的小倌（男孩）伴新郎同睡，睡於床的裡邊，稱「伴郎」。晚上要給這個小倌吃包子、花生、雞蛋，寓「包生兒子」意，待「好日」那天早晨離開時，要給紅包，俗稱「挈出尿瓶」。

好日前一二天，男家向貰器店貰得花轎和婚禮器物，掛燈結綵，以上等筵席款待賀客，稱「細便飯」。好日五更時辰，男家以全副豬羊或五牲福禮及果品，在廳堂供祭「天地君親師」，俗稱「享先」。早餐興吃「享先湯果」。

寧波閨女出嫁均坐花轎。傳說南宋小康王（高宗）逃難至明州，金兵追急，賴一女子相救得脫，後找恩女不得，詔明州女子出嫁可享半副鑾駕待遇，鳳冠霞披，並坐花轎。

花轎，俗稱「大紅花轎」，有四人抬、八人抬之分。坐花轎尚含有明媒正娶、原配夫人之意，女子一生只能坐一次。故夫妻吵嘴，妻子帶在嘴邊一句話：我是大紅花轎抬進門的，又不是走上門的，以此來炫耀高貴。

迎親日，花轎出門，以淨茶、四色糕點供「轎神」。放銃、放炮仗，大紅燈籠開路，沿途吹吹打打。新郎不到岳父家迎親，以喜娘（送娘）為使者，持名帖前往。

女家喜娘用五色棉紗線為新娘家絞去臉上汗毛，俗稱「開面」（含有現在美容意），客人興吃「開面湯果」。花轎臨門，女家放炮仗迎轎，旋即虛掩大門「攔轎門」，待塞入紅包後始開。花轎停放須轎門朝外，女家有人燃著紅燭、持著鏡子，向轎內照一下，謂驅逐匿藏轎內的冤鬼，稱「搜轎」。女家中午為正席酒，俗稱「開面酒」，亦叫「起嫁酒」。

新娘上轎前，經男方喜娘三次催妝，佯作不願出嫁，懶於梳妝（當然也有封建婚姻確實不願者），而後坐娘腿上，娘為女兒餵上轎飯，寓意不要忘記哺育之恩。較異習俗有三：其一，「哭上轎」。女兒上轎，母親哭送，哭詞多為祝頌、叮囑話，新娘動了感情含淚惜別。其二，「抱上轎」。新娘由兄長抱上轎，進轎坐定後，臀部不可隨便移動，寓平安穩當意。其三，「倒火灰」。新娘座下放一隻焚著炭火、香料的火，花轎的後轎槓上擱系一條蓆子，俗稱「轎內火，轎後蓆子」。起轎時，女家放炮仗，並用茶葉、米粒撒轎頂。新娘兄弟隨轎行，謂之「送轎」。城區抬花轎要繞至千歲坊或三法卿（地名）等處，以討「千歲」、「三發」彩頭。兄弟送至中途即回，且要包點火灰回來，並從火種中點燃香或香菸，返家置於火缸，俗稱「倒火灰」，亦稱「接火種」。

花轎進門，男家奏樂放炮仗迎轎。停轎後卸轎門，由一名五六歲盛妝幼女（俗稱「出轎小娘」）迎新娘出轎，用手微拉新娘衣袖三下，始出轎。新娘出轎門先跨過一隻朱紅漆的木製「馬鞍子」，步紅氈，由喜娘相扶站在喜堂右側位置。是時，新郎聞轎進門，即佯躲別處，由捧花燭小儇請（找）回，站左側。

喜堂布置與各地相同，拜堂儀式則稍異，有主香公公，多由新郎祖父或祖伯叔擔任。主香者和新郎、新娘皆遵贊禮聲動作。整個過程總稱為「三跪，九叩首，六升拜」。最後贊禮者唱：禮畢，退班，送入洞房！其間，新郎、新娘在拜堂時，有搶前頭跪習俗，謂誰跪在前面，以後就可管住後者，致鬧出邊拜邊踢墊子，新郎拂袖而起拒拜的笑話。

繁縟的拜堂儀式畢，由兩個小儇捧龍鳳花燭導行，新郎執綵球綢帶引新娘進入洞房。腳須踏在麻袋上行走，一般為五隻，也有十隻麻袋，走過一隻，喜娘等又遞傳於前接鋪於道，意謂「傳宗接代」、「五代見面」。

入洞房後，按男左女右坐床沿，稱「坐床」，由一名福壽雙全婦人用秤桿微叩一下新娘頭部，而後挑去「蓋頭篷」，意示「稱心如意」，謂「請方巾」。新郎稍坐即出，新娘換妝，客人吃「換妝湯果」。

而後，新郎、新娘行「拜見禮」，論親疏、輩分依序跪拜見面，稱「見大小」。拜時起樂，堂上擺大座兩把，受拜者夫婦同坐，如一個已故，則亦按男左女右就座，另一把空著。拜畢賜紅包給新娘，俗稱「見面錢」。公婆可不掏紅包，謂「媳婦自家人」。新娘與同輩見面則作揖，若小輩拜見時，新娘亦給「見面錢」。

之後，舉行「待筵」，新娘坐首席，由四名女子陪宴勸食，新娘多不真吃。筵畢，喜娘陪新娘至廚房行「親割禮」，有撈粉絲、摸泥鰍等習俗，謂之上廚。

拜堂晚上，男家為好日正席酒，叫「賀郎酒」，新娘須逐桌逐位為長輩和客人斟酒。宴後，喜家請有福有德的座客兩人至洞房，向新郎、新娘行「三酌易飲」禮，每進一次酒（新人只啜一口）相互交換下酒杯。主賀者須邊唱賀郎詞，戲謔、祥和兼有。

是夜，有吵新房習俗，諺雲：「三日無大小」。成親那天新娘不多與客人說話，吵房時先逗新娘開口，看其衣裳鈕扣，五顆鈕扣說是「五子登科」，看其腳髁頭，說是看老壽星。

鬧至午夜始散。新郎隨出送客，喜娘始鋪被褥，新娘即賞以紅包，喜娘嫌不足則伴立不走，待增加後才出。新娘關房門，新人共吃「床頭果」。新郎上床，新娘「坐花燭」，花燭不可吹滅，燭盡方可上床。尚有在白天做好手腳，夜裡撬門跳窗進新房挪走新郎衣裳，吵房成功，新人要罰出糖果、香菸錢。

舅姑之禮

新娘嫁入夫家後，並不等於婚禮的結束，第二天，新娘還要行拜見舅姑之禮。舅姑是古代對公公婆婆的稱呼。次日，天還未亮，新娘便已起床，洗頭沐浴，以帛束髮，著黑色衣服，等待公婆接見。這種打扮為士妻之正服。

天亮時，公公以主人身分，於阼階上即席；婆婆以內主身分，於戶外西側即席。新娘捧著裝有棗和栗子的竹籃，至公公席前行拜見禮，並將竹籃放在席上，公公撫摸竹籃，表示收下禮物，並向媳婦答拜。媳婦迴避，表示不敢受公公之禮，並向公公行下拜禮。之後，新娘捧著裝有乾肉的竹籃去拜見婆婆，竹籃亦放在席上。婆婆舉起竹籃，表示收下禮物。

在古代，向尊長獻禮時，都要把禮物放在地上或席上，而不親自交給對方，以此表示他尊己卑，不敢手授之意。

接著，贊禮者代表公婆向新娘敬酒，表示已經接受新娘成為家庭的正式成員。然後新娘向公婆獻一隻煮熟的小豬，表示新娘以媳婦之禮開始孝敬公婆，即「婦以特豚饋，明婦順也」（《禮記·昏義》）。最後，公婆共同完成款待新娘的一獻之禮。完畢後，公婆從西階先下堂，媳婦從主階下，這樣做是「以著代也」，即表明從此公婆已經將室內的事交託給媳婦，媳婦將代替婆婆成為家庭主內之人。

第四節　禮俗相交——社交禮

相見以禮

《周禮．春官．大宗伯》說：「以賓禮親邦，春見曰朝，夏見曰宗，秋見曰覲，冬見曰遇，時見曰會，殷見曰同，時聘曰問，殷覜曰視。」《清史稿．禮志二》中說的「蒲國通禮、山海諸國朝貢禮、敕封藩服禮、外國公使覲見禮、內外王公相見禮、京官相見禮、直省官相見禮、士庶相見禮」，這裡實際上說的就是相見禮的內容。

皇帝在進行邦國外交的時候，要招待外國的賓客，還要接受諸侯大臣的朝覲，還有皇帝要迎接諸侯，或者接受外國的納貢禮品等，都要行相見禮。在官場上，官員相見要行揖拜禮，下級向上級要行拜見禮，公、侯、駙馬相見要行兩拜禮。官員在行禮的時候，下級居西先行拜禮，上級居東答拜。平民相見也有許多講究，依長幼行禮，幼者施禮，外別行四拜禮，近別行揖禮等。

在古代，人們最初相見，需求別人介紹才行，與皇帝接受禮品一樣，要求見的人必須帶上禮物，這就是行「贄禮」。所謂的「贄」就是初次相見的見面禮品，有「大贄」、「小贄」之分。「大贄」用的是玉帛，而禽獸果脯等屬於「小贄」。

贄禮也有男女之分，男子應該選用玉帛禽烏當贄禮，而女的則用果脯。在相見的時候要行作揖之禮。主人也需求行還贄之禮，送求見者禮品。

行相見禮之時，有許多標準性的禮節動作，俗話說拜見。古代對拜的規定是很細緻的，有稽首、頓首、空首、振動、吉拜、凶拜、奇拜、褒拜、肅拜等許多講究。

稽首：拜脆於地上，左手按右手，拱手並緩緩引頭至地，良久方起。稽首也叫做「磕頭」，是最尊敬的禮節。

頓首：跪拜於地上，引頭至地、但頭頓地即起。一般地位對等的人使用此禮節。

空首：是下跪後兩手拱合，男子左手壓右手，舉手加額，然後彎腰鞠躬，手觸地或者手與心平，頭順勢觸在手上。因為頭不至地而至手，所以稱為「空首」，也稱為「拜手」，簡稱為「拜」。

平時行一次空首禮，也稱做「拜」。有時為了表示更加尊敬而行兩次空首禮，就稱為「再拜」。如《儀禮．大射禮》：「公降一等，小臣正辭。賓升再拜稽首，公答再拜。」

振動：一般用喪禮之上，先是頓首，再是空首，與先空首再頓首的吉拜是不同的，先是凶拜，然後踴而顫慄，表示極大哀痛。

奇拜：就是一拜，一般用於燕禮、禮中，是國君拜臣下之禮。漢代稱為「雅拜」，具體就是先屈一膝，然後空首拜。

褒拜：也叫做再拜，是指行使兩次以上的空首禮。

肅拜：門於女子的相見之禮，即屈膝跪地，垂手不至於地而頭微俯。禮制規定，一般的常禮是兩拜稽首，到了清初，一般是一跪三叩首。每當朝會大典的時候，臣下對皇帶是行使三跪九叩首之禮，是最為尊貴的禮節。

相包禮中，還有「揖」。「揖」也叫做「作揖」、「揖禮」，其動作是雙手抱拳前舉。而跪則是一種坐席之禮，要求兩膝著地，直身，臀部不著腳跟，用來表示尊敬和謝罪之意。長跪是直身而跪，表示莊重的禮儀。

與跪對應的是趨，地位低等的向尊貴的人快步上前低頭彎腰，一般用於大臣對君主，晚輩對長輩，下級對上級，主人對賓客等。在漢代，趨是大臣對皇帝的朝儀。皇帝在沒有登寶座之時，贊禮官高喊一聲「趨」，大臣們就分文武兩列站立在殿門內以趨禮恭候。

「請安」也是相見禮的一種，表示幼者對年長者問候的禮節。一般來說方式是一足跪、一足著地，垂手近於踝關節。後來，這種禮俗變成男子屈左膝，左腿半跪，左手著地，口稱「給某請安」。女子請安時，雙手撫左膝，右膝彎曲，往下蹲身，或用手撫雙膝，同時屈膝。

與請安禮類似的是「唱喏」，是古代男子的禮節，一般於下級對上級、晚輩對長輩的見面之禮，就是在作揖的同時，口出致敬之言。

迎客

古代賓客之間相見，是非常講究衣冠整潔的。主賓相見的時候，萬一覺得自己衣冠不整，就先裝作陌生的樣子，關上大門，穿好衣衫後再出來迎接。

迎接的禮節，一般是主人站立在門的右邊，意思就是主人在東、客人在西，表示對客人的尊重。把客人迎進大門之後，一到拐彎的地方，都要伸手指引，口中稱「請」，客人也要回「請」。主人為客人開門、掀門簾子，力求周到入禮。

座席的尊卑和禮儀體現出禮制習俗觀念。由於皇帝受臣子朝見時，南面而坐、左東右西，臣子北面而立，左西右東，官位高者在東，官位低的在西，所以右是最尊貴的。但每個朝代的標準不一樣，夏商周三代，朝官尊左，宴飲、凶事、兵事尊右。戰國時朝官尊左，軍中尊右。秦尊左，漢代尊右。六朝朝官尊左，燕飲尊右。唐宋明清尊左，元代尊右。喜慶以左為貴，弔唁則以右為尊。

在古代的交往當中，許多人自居東向而坐，是對客人的不尊重。在民間，東向而坐，一般為最年長的，幾番報辭，才坐上去，請他們上這個座位，實際上也是對長輩的一種孝敬。

室內以面東而坐為最尊貴，在堂中禮節看來，一般是面南而坐的為最尊貴。父母坐在堂中，背部向北面朝南，是最尊貴的。古代吃飯時，父子是不能同席的。

站有站相，坐有坐相

俗話說，站有站相，坐有坐相，在古代則有立容和坐容之說。

有這樣解釋「站有站相」，站曰：「固頤正視，平肩正背，臂如抱鼓。足閒二寸，端面攝纓。端股整足，體不搖肘，曰經立；因以微磬曰共立，因以磬折曰肅立；因以垂佩曰卑立。」意思就是：站立的時候，身子要正身，眼睛要平視，兩手相合，掩在袖子裡。手放在胸口和下腹的任何地方都可以，即使拿著東西也是無妨的，但是前額要自然，不能僵直，手臂要柔軟。在古代，有一個詞，叫做磬折，也就是說，彎腰成玉磬的樣子，大概三十度，並配合叉手，是最標準的站禮。

說到坐有坐相，就是古人所說的坐容。「坐以經立之容、不差而足不跌，視平衡曰經坐，微俯視尊者之膝曰共坐，仰首視不出尋常之內曰肅坐，俯首低肘曰卑坐。」

在漢代的時候。經坐的坐姿，是正坐，現在叫雅坐，坐時臀部坐在腳跟上，腳背貼地，雙手放在膝蓋上，目視前方。隨著胡床（交椅）及高椅的普及，坐也是端端正正的，兩腿不得叉開，雙手放在膝蓋上，雙手可以握拳，衝前方，可收攏抱在腹部。

不論坐席還是坐椅，雙腿叉開，露出襠部是不雅的。古代席上稱這樣坐的方式為箕踞，是對別人的不尊重，是無禮的行為。

稱謂

人在社會上交往，首先遇到的便是稱呼的問題，稱呼不得體，或者把別人的名字唸錯了，就會失禮。

古人在這方面有一套的嚴格禮儀。古人有姓、有名，還有字，這些都有不同的含義和用法。姓是某一群人的共同符號，它與原始圖騰崇拜及上古的母系氏族社會有關（早期的姓多從「女」）；名是在社會上使用的個人的符號；字則是對名的解釋與補充，與名相表裡，故義稱「表字」。

《顏氏家訓．風操》：「名以正體，字以表德。」因此古人自稱要稱名，以表示謙虛，如諸葛亮自稱亮。尊者對卑者也稱名，如君對臣、父對子、老師對學生皆稱名。而對平輩或尊輩則要稱字，不能直呼其名，以示尊敬。如孔子自稱丘，對學生也稱其名，如稱仲由（子路）、端木賜（子貢）等；而孔子的學生之間則稱字，如稱子路、子貢等。

古人自己不能稱字，否則就是「表德」，但對別人則要稱字，不能稱名。如諸葛亮稱魯肅為子敬，稱關羽為雲長。直呼其名被認為是很不禮貌的。

座次

古代朝廷、講堂皆以南面為尊，即君主坐北朝南，故稱「南面稱王」；大臣面朝北參見君王，故稱「北面稱臣」。老師南面授課，學生北面受學。

漢以前，家庭之中堂上以南面為尊，室中以東向為尊。如「鴻門宴」中的座次就是以東向為尊。《史記·項羽本紀》是這樣記載的：「項王即日因留沛公與飲。項王、項伯東向坐；亞父南向坐，亞父者，范增也；沛公北向坐；張良西向侍。」劉邦是客人，按說應居上座，但項羽不顧禮儀，自己占了上座，顯示了項羽的傲慢自大。

秦漢以後，堂、室結構簡化，堂的有些功能被合併於室中，因此室內的座次相應地發生了一些變化。會見賓客時，一般都是賓在西（右）、主人在東（左），即所謂「東家」「西賓」。古人「分賓主坐下」，即是這樣的坐法。

到了清代的鄉飲酒禮，也還是大賓位西北，而作為主人的府、州、縣官位東南（見《清史稿·禮八》）。這種習慣一直延續到了今天。

古人車上座次的排列略有不同。古代為馬車，故御者居中，主帥居左，警衛居右（又稱車右）。因御者左手並轡，右手揮鞭，故須居中。

今之轎車，司機旁是保鏢位置，司機後是首長位置，保鏢後面是祕書位置。

至於左右位置的尊卑問題，不同的時代又有不同的規定。周代，諸侯朝見天子，其座次以左為尊；到了戰國，又以右為尊。秦至西漢仍是右尊左卑。

東漢至唐宋，隨著官職的以左為大，座次也基本上變為以左為尊。這種情況一直持續至南宋末。當時的左丞相為吳堅，位在右丞相之上。

元朝曾一度以右為尊，但到了明初，又恢復了以左為尊的習俗。早在朱元璋即位的前一年（一六七三年）十月，即「令百官禮儀尚左。改李善長左相國，徐達右相國」（《明史·太祖本紀》）。直至明後期仍沿其制。清代仍是尚左，其六部中的左侍郎亦較右侍郎位置為高。此後，這種尚左的習俗便一直延續到了現在。

今天，無論政府還是民間，在安排座次時，都有意讓地位尊貴的人坐在左邊，而晚輩或地位較低的人則在右側陪坐。

會客

古代到別人家裡去作客是有若干講究的。

《禮記·曲禮上》講：「將上堂，聲必揚。戶外有二屨，言聞則入，言不聞則不入。」這是說在進入主人家的大門時，必定要先發出一種聲音，以讓主人知道是來客了。

古人多半是用清嗓子的方式讓主人聞知，如京劇舞臺上所表現的那樣。今天則可以透過敲門或按門鈴的方式告訴主人有客人來到。

這種做法也適用於夫妻之間，丈夫在進入內室時也應先發出一種聲音以讓妻子知道。《韓詩外傳》中曾記載孟子突然進入內室，發現妻子箕踞（一種很不雅觀的坐姿），於是向母親請求休妻。

《禮記·曲禮上》講：「將入戶，視必下。入戶奉扃，視瞻毋回。戶開亦開，戶闔亦闔。有後入者。闔而勿遂。」這是說入門時視線應朝下，不能舉目，以免給人造成趾高氣揚的感覺。

入門時還要兩手當心，如奉扃（門的開關）然，看東西也不要目光來迴游移，以防干人之私。門原來是開著的仍要開著，原來是闔著的仍要闔著，必須尊重主人的習慣。

最後一個進門的也不要把門關死，以示不拒絕後面的來客。

行而張拱曰「翔」，即兩隻手臂像鳥的翅膀一樣上下翻動，這樣的動作在室內是不允許的。「橫肱」是指將兩只胳膊橫過來，一人占兩個人的地方，這樣會妨礙並坐者，也是不禮貌的。

古人一般席地而坐，坐時腳後跟與臀部接觸，稱為「居」；如上身挺直，則稱為「啟」或「跪」。進門後主人請你坐，你就坐，這樣既比較舒服，也是尊重主人的意願。《禮記．曲禮上》還講：「毋側聽，毋噭應。毋淫視，毋怠荒。遊毋倨，立毋跛，坐毋箕，寢毋伏。斂發勿髢。冠毋免，勞毋袒，暑無褰裳。」說的是側耳以聽非但不恭，而且易生刺探別人隱私之嫌。「噭應」即大聲呼叫，「淫視」即目不轉睛地看某一件東西，「怠荒」謂容止縱慢，都有違禮儀。還有在室內走動時不可表現出倨傲的樣子，站立時不可偏任一足（稍息狀），坐時不可兩腿向前狀如簸箕。古人的冠不同於帽子，它是成年男子的標誌，故不可以隨便免冠。作客時不要袒胸，天再熱也不要把下身的裳（秦漢之前男女皆著裳）撩起來。

第五節　尊敬師長——教育禮

古人常把老師與父母、君王甚至天地相提並論，來倡導尊師重道之行。《荀子．禮論》曰：「禮有三本：天地者，生之本也；先祖者，類之本也；君師者，治之本也……故禮上事天，下事地，尊先祖而隆君師，是禮之三本也。」荀子把老師與先祖、君王相提並論，並且提升到了「禮之本」的高度。另外，世人還把師與天地君相排列，把萬世師表的孔子當做頂禮膜拜的對象。在家中設牌位供奉，一次來釋奠禮加以祭祀，又有師徒如父子「一日為師，終身為父」之說，可見，老師在古人心目中的地位之高。

古代師生禮儀

漢魏以後，以周公為先聖，孔子為先師；唐代尊孔子為先聖，顏回為先師。唐宋以後一直沿用「釋奠」禮（設薦俎饌酌而祭，有音樂沒有屍），作為學禮，也作為祭孔禮。南北朝時，每年春秋兩次行釋奠禮，各地郡學也設孔、顏之廟。明代稱孔子為「至聖先師」。清代，盛京（遼寧瀋陽）設有孔廟，定都北京後，以京師國子監為太學，立文廟，孔子稱「大成至聖文宣先師」。曲阜的廟制、祭器、樂器及禮儀以北京太學為準式。鄉飲酒禮是祭祀先師先聖的產物。

私塾禮儀

以前上私塾一般在入學時，由學齡兒童家長合議，物色教書先生，並在家長中選出學東。學東負責管理收繳學費，多為穀物，每生全年大約兩石。同時，家長們要選擇一個房屋，並整理修繕，其中先生用的茶爐、廁所是必不可少的。那時沒有現在使用的取暖裝置，還需求家長們為先生備好柴火，安排孩子輪流為先生送菜。

上學那天，各家領著孩子，攜香紙、爆竹前來。學東把買好的果品、點心、燒好的茶水擺在學堂正中央的方桌上。儀式開始，家長們在一旁燒紙、放爆竹、敬香，學生則排成幾列，一齊面向高高在上的「至聖先師孔子之位」下跪叩頭作揖，接著向先生行禮。

依照中國古代拜師禮拜師收徒內容有：

第一，弟子向老師贈送六禮束脩。古時六禮包括：芹菜，寓意為勤奮好學，業精於勤；蓮子，心苦，寓意為苦心教育；紅豆，寓意為紅運高照；棗子，寓意為早早高中；桂圓，寓意為功得圓滿；乾瘦肉條，以表達弟子心意。

第二，行跪拜，雙手獻茶之禮。

第三，老師回贈禮品。

入學儀式結束，然後學生開始「發蒙」，磨墨、試筆、寫紅摹，年齡大些的則寫大小楷。此後每日清晨上學、傍晚放學，學生都要把書本按在胸口向孔子牌位行禮。學生的課桌都是自家帶來的，置於先生方桌的兩旁。

遇到端午節和中秋節，家長們要向先生送禮。端午節一般送綠豆糕、蛋糕，也有粽子、紅蛋，學生帶去後在先生家吃飯。飯後，先生會送每個學生一把摺扇回禮。中秋節，學生也帶禮在先生家吃飯，但無回禮。

私塾的禮儀很多在古籍中有記載，承傳古習已久，尤其注重尊師重道，這點值得今人好好學習。

拜師收徒禮

傳統的師徒關係僅次於父子關係，即俗諺所謂「生我者父母，教我者師父」、「投師如投胎」。有的行業，一入師門，全由師父管教，父母無權介入，甚至不能見面。建立如此重大的關係，自然需求隆重的禮儀加以確認和保護。一般拜師禮儀分成如下程序：

第一，拜祖師、拜行業保護神。表示對本行業敬重，從業的虔誠，同時也是祈求祖師爺「保佑」，使自己學業有成。

第二，行拜師禮。一般是師父、師母坐上座，學徒行三叩首之禮，然後跪獻紅包和投師帖子。

第三，師父訓話，宣布門規及賜名等。訓話一般是教育徒弟尊祖守規，勉勵徒弟做人要清白，學藝要刻苦等。

拜師典禮舉行的時間、地點，一般都是由師父定的。時間要麼與師父的華誕重合，要麼就是另外的喜慶吉利的日子，地點普通都在飯莊，當然也有在家裡的。

假如是在飯莊，典禮普通在上午八九點開端，中午一二點完畢。假如是在家裡，普通就在晚上停止了。很明顯，前者的氣勢要相對大得多。終究怎樣辦，則要依據師徒雙方的詳細狀況而定，並無完整肯定形式。

以前在舉行拜師典禮時，師父或者師母要將本行當的道具賜給徒弟一套，如說書藝人用的醒木、手巾、扇子，說相聲用的裝白沙子的布袋。當然，有的是徒弟自己就準備好了的，也有的說道具是徒弟出師時由師父賜予。

舊時拜師典禮非常嚴肅複雜，這一點在拜師帖的內容上特別有體現，拜師帖又稱門生帖、寫字或字據，常見格式如下：「師道大矣哉，入門授業投一技所能，乃系溫飽養家之策，歷代相傳，禮節盛大。今有×××（師賜藝名×××）甘願拜於×××門下，受業學××。×年期滿，謝師效能×年。課藝期間，收入歸師，吃穿由師供應。自後雖分師徒，誼同父子，關於師門，當知恭敬。身受訓誨，沒齒難忘。情出本心，絕無反悔。空口無憑，謹據此字，以昭鄭重。」下面是師徒簽字畫押，引保代師簽字畫押。×年×月×日立。

有的還寫有「絕路生理，天災人禍，車軋馬踏，投河覓井，懸梁自盡，各聽天命，與師無涉。中途停學，賠償×年膳費」。

拜師字據闡明了拜師學藝的合理性，規則了授業內容、學藝期限、收入分配辦法及應擔負的義務，確認了師父的絕對權威。同時，也隱示了師徒之間既如父子又如主僕的複雜關係。而含有「投河覓井、懸梁上吊，各聽天命，與師無涉」之類字句的拜師字據更近似於賣身契。

有了這樣的字據，終究是因何緣由，徒弟覓死，與師無涉，師父可置身事外。而對把自己幼子或幼女送去學藝的父母來說，終究孩子未來如何，也只能聽天由命了。

字據是徒弟和師父關係的重要憑證，所以師父把字據看得十分重。假如徒弟要回字據或者師父將字據出借徒弟，就意味著師徒關係的終結。在街頭藝人這個另類社會中，字據就彷佛是主體社會具有法律意義的合約，有明顯的約束力，而且在街頭藝人中，字據具有多重的文化內涵。由於每一位藝人自己的字據規則了每一位藝人的輩分乃至於名字，既是自己身分的標誌，又標明了與其他藝人的關係和自己在一個行當中所處的位置，所以字據的習氣性約束力無疑強化了街頭藝人之間的整合與鏈條關係。

尊師重教的故事在中國古代非常多，以下介紹一則小故事。

宋代著名理學家楊時，從小就聰明伶俐，四歲入村學，七歲就能寫詩，八歲就能作賦，人稱神童。他十五歲時攻讀經史，熙寧九年登進士榜。他一生立志著書立說，曾在許多地方講學，倍受歡迎。居家時，長期在含雲寺和龜山書院，潛心攻讀，寫作教學。有一天，楊時與他的學友遊酢，因對某問題有不同看法，為了求得一個正確答案，他倆一起去老師家請教。時值隆冬，天寒地凍，濃雲密布。他們行至半途，朔風凜凜，瑞雪霏霏，冷颼颼的寒風肆無忌憚地灌進他們的領口。他們把衣服裹得緊緊的，匆匆趕路。

來到程頤家時，適逢先生坐在爐旁打坐養神。楊時二人不敢驚動打擾老師，就恭恭敬敬侍立在門外，等候先生醒來。這時，遠山如玉簇，樹林如銀妝，房屋也披上了潔白的素裝。楊時的一隻腳凍僵了，冷得發抖，但依然恭敬侍立。過了很久，程頤一覺醒來，從視窗發現侍立在風雪中的楊時，只見他通身披雪，腳下的積雪已一尺多厚了，趕忙起身迎他倆進屋。

後來，楊時學得程門立雪的真諦，東南學者推楊時為「程學正宗」，世稱「龜山先生」。此後，「程門立雪」的故事就成為尊師重道的千古美談。

第六節　慎終追遠——喪葬禮

喪葬禮民間俗稱「辦百事」。遠古時代，早期的原始人尚無安葬死者的習俗。《孟子·滕文公上》有：「蓋上也嘗有不葬其親者，其親死則舉而委之於壑。他日過之，狐狸食之，蠅蚊嘬之。」意思是說：最初人死之後是被隨意丟棄在野外溝壑間，改天在這里路過，發現被野獸、蚊蛆叮咬得不像樣子了。

大約在一萬八千年前，人類社會有了喪葬習俗。這種葬俗的形成，源自人們靈魂不死的恐懼。先民認為，人死之後，原依附於人體的靈魂就離開了肉體成了鬼魂，鬼魂獨來獨往，無處不在，具有超人的力量，並且對生的人產生種種或好或壞的作用，因此就在心理上引起了恐懼。為了取悅鬼魂以避災求福，於是改變了原先隨意丟棄死者的輕慢態度，就有了相應的喪葬習俗，以表達對死者的關愛之情。

在傳統的人生禮儀中，喪葬禮儀恐怕是最繁瑣複雜的。在周朝，這套禮儀已經相當完整而嚴格了。人們在喪葬的過程中，把對祖先的崇拜和對父母的孝道結合在一起，形成了「事死如事生」的喪葬基本原則。這套禮儀從春秋一直延續到晚清，影響深遠。

喪葬禮的流程

選墳地

中國人講究入土為安，舊時，漢族多採用土葬，土葬首先需求的是墳地。城市一般人家都有自己的祖墳，即私人墓地。墳地是由陰陽先生根據八卦的陰陽五行擇定的「風水寶地」，俗稱「相陰宅」。那時，凡是能夠買得起地的人家都盡可能購置墳地，為的是讓自己的祖宗安生。民間普遍認為亡者以「入土為安」。那些赤貧之家無力購地，死後多葬於荒郊，俗稱為「亂葬崗子」。

墳地的購置視家族財力而定，有一塊地、二塊地、三塊地之分。一塊地三至五畝，家族中的祖先和已成家立業的才能在正位下葬，早夭的兒女均在邊角地掩埋；二塊地八畝十畝不等，包括前地、後地。前地葬祖先，後地葬未結過婚的、未成年而早夭男女以及侍妾等旁庶人員，一般是前地大、後地小。三塊地的分布與二塊地類似，只是第三塊占的比例極小，稱「起土地」，每年掃墓時添墳之土即來源於此。

屬纊招魂

病人斷氣之後，先要把屍體搬到室中南窗下的屍床上，用大殮的被子蓋住死者的屍體，然後為死者招魂。古人相信靈魂的存在，認為人死之初，靈魂不會走得太遠，透過招魂或許可以讓靈魂回歸身體，讓人得以復生，所以又把招魂稱為「復」。

楔齒、綴足和設奠

招魂之後，用角質祭勺啟開死者上下牙齒，為後面的飯含做準備。壓束住死者雙足使之端正，以便為死者穿衣。然後，喪主從東階上堂，將祭品置放在屍體東面的地上，祭奠死者，稱為「設奠」。又於堂上陳設帷幕，圍隔屍體。

設奠，是表明對死者的愛敬，所以用侍奉生者的禮節來對待他。設奠時，要用樸素的器皿盛裝祭品，表明生者真誠的哀痛與親愛、恭敬之情。

入哭位

因服喪者的地位以及死者關係的不同，其哭泣時的位置也不同。

喪主坐在屍床的東面。喪主的兄弟、堂兄弟皆面向西站在喪主之後。喪主的妻妾面向東坐於床西。他們都是大功以上的親屬（如死者父兄姑姊妹等），在室內。小功以下的親屬皆在戶外，婦人坐於堂上，男子立於堂下，皆面北，面向屍床。哭位是按照服喪者的服喪等級來安排的。但天子之喪例外，他是按照同姓、異性、庶姓來區分，然後各就位而哭的。

請茶師傅

茶師傅是指專門幫助人們料理紅白喜事的人，也稱「茶房」。這些人專司並包攬了市內城市居民的紅白事，按城區劃分若干片，分別負責各片的紅白事。只要接到死者家屬來送信兒，就會根據地域分工馬上工作，即通知槓房、棚鋪、賃貨鋪、紮彩作乃至酒席處等相關行業為死者準備治喪用具，並進入死者家幫助料理喪事，直至下葬為止。

換裝裹

茶房進入死者家的第一件事是為死者「換裝裹」。即為死人換上壽衣。這時，要先為死者用酒精或清水沐浴，擦拭身體，絞臉，梳頭（男性要剃頭，只剃前不剃後，俗稱「留後」），修正遺容，最後換上壽衣。

壽衣講究在生前製作，一般人一過五十歲就可以開始準備壽衣的布料，年過七十歲便可預做壽衣。無論何時亡故，壽衣都是棉的，且以穿單數為吉，即裡外的數量有三件、五件等均可。

停屍

換好裝裹後，要請畫師為死者畫像，用以布置靈堂。槓房人抬來「床板兒」，也就是靈床，亦稱「逍遙床」，將死者安置在床板兒上停靈。死者停靈要頭對屋門，並在頭前設一小供桌，點上燜燈，擺上供品。其中一定要給死者供上一碗裝滿飯菜的供品，放一雙筷子，謂之「倒頭飯」。同時燃香，香的兩頭點燃，橫放在香架上，謂之「倒頭香」。此外，在桌前地下放燒紙瓦盆一具，闔家舉哀焚紙，並於門外焚燒紙糊的轎子，謂之「燒倒頭轎」，意在讓死者靈魂乘轎上西天。貧窮者可用炊具笊籬代而焚之。

報喪

死者如為移民，家人在請茶房的同時，要派人攜供品、黃錢等到土地廟或城隍廟「報廟」，為土地爺、城隍爺燒香、送漿水，俗稱「送財送水」。在人們的意識裡，這似乎意味著給亡故的親人在陰曹上了戶口。土著之家則無此習俗。

屍體安放停當，家屬要進行兩方面的報喪儀式，一是在宅院門口貼「門報兒」、「銘旌」，懸掛「楮錢紙」，立「幡桿」；二是由孝子執「六子」（報喪帖子）到親友家報喪。門報兒相當於告示。門報書寫極為講究。

縫孝衣

其也叫「裁孝衣」、「扯孝衣」，是為死者家眷縫製的衣服，多由親鄰中的中老年婦女（必須是全可人）幫助縫製。帽子、腰帶等則多在賃貨鋪租賃，富有人家多自家縫製。

搭靈棚

這是在死者家庭院內，用木樁、葦席、杉篙等臨時搭制棚子（若在屋內，則稱「靈堂」）。靈棚的樣式大同小異，亡男搭正八字形，前寬二十四尺，後寬八尺。頂棚一律高十二尺，開天窗，兩邊擺屏風，上面畫彩畫。此外，靈棚四周用黑、白布做花球裝飾，兩側供掛輓聯。

選材

其也叫「看材」，是為亡者籌備棺材。舊時有專門的材廠，既出售木料，也出售現成棺材。一般都由孝子親自到材廠選材攏製棺木，也稱「迎材（寓「財」）」。棺木大都是用十三塊圓形柏木組成，故稱為「十三圓」。

棺材成殮，即為靈柩。若在棺外再做一，亦稱柩。柩用水紅布里、洋紅綢面製成，面上有銀耳環，柩外前臉也制有材頭字，柩外僱人紮彩，男亡扎五福字，女亡扎蓮花。

紮彩

這是一種用紙和竹劈子扎制的隨葬品。從事這一手工藝的作坊被稱作紮彩作，其可根據需求扎制各種造型的紮彩，其中包括馬、牛、車、轎、箱、櫃、金山、銀山、童男、童女、開路鬼等。

死者若為男，必定得扎車、馬，說是供男人在陰間乘坐；若死者為女，少不了扎牛和轎。特別是牛，對女人有特殊意義。

成殮

其也稱「入殮」，是將死者抬入棺木的儀式。一般在人死後第三天舉行（若第三日不吉，便不計死亡當日，而視第四日為第三日）。屆時，死者的親朋好友、侄男外女都前來與死者見上最後一面。

入殮的儀式是由陰陽先生主持，此時的各種執事、一切人等都要聽陰陽先生的，不能各行其是。

蓋棺後，入殮的儀式基本結束，直至出殯起靈前。

接三

這是為死者舉行的招魂儀式，於死後第三天晚間舉行，人們認為人死三日，已登「望鄉臺」上望鄉，因此，需求讓死者知道，家人已等了三日，死者已不可能復生，只能由僧、道誦經超度，這是和家人的最後一見了。這實際上是家屬對死者的一種祭奠。

燒七

在死者倒頭後直至出殯前，家人要每日早、午、晚三次焚香燒紙，祭奠，稱之「朝奠、午奠、夕奠」。死者停靈期間，以七日為一期（七），按七頌經超度亡靈，並做家祭，焚化紙錢，俗稱「作七」。燒七時，閨女要「送箱子」、「燒包子」。箱子即紮彩，包子是用白紙疊成方形，用剪子剪成連綴不斷的紙串。死者有幾個閨女燒幾個包子，而且每「七」每人都要增加一個。

弔唁

其也稱「弔孝」（土語），是對死者悼念的一種重要形式。親族、鄰裡結伴而來，一般同輩鞠躬四次，晚輩跪拜四次，然後哭靈。孝子們要在靈旁跪叩陪祭，女兒、兒媳往往號哭且哭中有詞，節奏分明。最後，要屈右膝跪拜來弔唁者，謂之「謝孝」。

弔孝中最隆重、最有特色的要屬出殯前一天的開吊儀式。開吊前，要聘請陰陽先生測算出開吊時辰，然後由茶房與主家共同商量發放帖子的數量。這種帖子俗稱「大帖」，內容寫明開吊時間和出殯時間。一般親朋好友要據此在開吊前來死者家送禮。其禮多為藍色絲綢，並綴一白紙黑字條幅或帳光子（是專門市鋪印好的，只須填喪主及送帳人姓名即可），上寫「千古」、「安息」、「一拜永別」、「駕赴瑤池」等套語。

出殯

這是喪俗中的大禮，也稱「發引」。在老時人眼裡，這家闊不闊，兒女孝不孝以及社會地位高不高，看其出殯的規模便可知道。人們把出殯的隆重與否不僅看成是死者的哀榮，也看做是生者的顯赫。

民國以前，大出殯講究八大抬，即誥封亭（民國以後取消，成為七大抬）、銘旌、影亭、官轎、花亭、燈亭、靈亭（或家廟）、香爐。另有四張桌子，即香獸桌、朝服桌、古玩桌、鮮花桌，以及香譜、雪柳等各種執事一應俱全。這些均在賃貨鋪租賃。

下葬

方式有兩種，一種是挖穴深埋，填土後堆成墳頭，叫「下葬」。穴位由陰陽先生按照「五行」、「八卦」、「三元」、「四象」的方位派人刨好墳坑。棺材入土後，孝子把幡插在墳頭上，插三下，撥三下，這樣可保後輩可升官發財；另一種是棺材埋地下，上面四周扎葦把，外面隨形培土，叫「浮厝」，這種方式只限於一些客死者，為便於以後遷回原籍，所以棺材大都較薄、較輕；材頭探出很短，稱為「行棺」。

下葬後，一般都要在墳前立一長方形石質墓碑，碑文男女有別。墓碑的碑陽書寫格式與銘旌、本主牌相同。碑陰寫法不一，有刻「生卒年月日」，亦有刻行述者，即把生平、功德、為人、事跡寫成傳記。

圓墳

這是一種祭奠形式。在葬後三日舉行，家屬都要到墳前行圓墳禮，為墳培土。還要燒紙錢、上供品，並由死者孫子、孫女（童男童女）繞墳正轉三圈，反轉三圈，謂之「開門」。人們認為開門後便可以和死者交流感情、敘述衷腸，死者也可接到晚輩們的祭奠和送去的金錢、食物等，在陰間生活富足，不愁錢花。

說五服

死者入土之後，並不意味著喪葬活動的結束，家人和親戚還要為死者服喪守孝，以示哀悼和思念。

傳統的觀念認為，嬰兒出生後三年不離母懷，因此父母之喪兒女留守孝三年以示回報。其他人則視與死者關係的遠近而定服期。

服期長短的不同，決定了服喪者所著的喪服也是不同的。傳統的喪服有五種形式，即斬衰、齊衰、大功、小功和緦麻，合稱五服。五服的材質、形制和做法都不相同，因而就有了輕重等次之分。五服的穿著一般開始於死者大殮日之次日，稱「成服」。喪服在喪儀結束之後的一系列祭悼活動中是必須要穿著的，直至過了按禮制規定的期限之後才可以不穿。

守制與奪情

守制與奪情都和服孝禮制有關，是古代的兩種文化現象。

在古代，喪葬禮儀是所有禮儀中最特殊的一種禮儀。這種禮儀所體現的「尊尊」和「親親」的孝文化原則，是封建統治賴以生存的基礎，因此歷代統治者都要借重輿論和法律的力量來維護和保證這種服喪守孝制度的順利執行。

守制就是居喪服禮，是孝子居喪期間在衣食住行方面必須嚴格控制和遵守的一種制度。這種制度要求守制者的日常生活一切從簡，要像苦行僧一樣地過苦日子，不能享樂，並以種種自虐和壓抑人性的極端方式來體現所謂的孝道，所以居喪也叫「丁憂」或「丁艱」。丁父憂又叫丁外艱，丁母憂亦叫丁內艱。

《儀禮》、《禮記》等規定，嫡長子與承重孫（長房孫）及為人後者，凡值父母或父母喪，須服斬衰或齊衰三年。至漢代提倡孝道，《漢律》明文規定，子不為親行三年喪者，不得選舉為官。其後，魏孝文帝實行漢族禮制，馮太祖，五日不飲勺水，諸臣諫勸始粥；後周武帝母叱奴太后死，武帝居草廬，朝夕供米，群臣表諫數十日才停止，又服衰麻制服聽朝三年；南宋孝宗堅持為高宗行三年之喪，其禮士庶大略同。

居喪期間，規定不能聽樂觀舞，不能娶妻納妾，不行房事；上層貴族，出入不走正門，上下不由中階，孝子居倚廬，三年內不飲酒；居官者須解除職務。三年期滿，在隆重祭祀，移神位於祖廟後，方能脫除孝服，稱為「起靈除孝」。

至清代規定，凡喪三年者，二十七個月服滿起復。

做官的如果碰到親喪，一般就應立即辭去官職回家守制。但若情況特殊則可有所變通，這就是守則中的「奪情」現象了。到了清代更是把這一習慣制定成制度，所有官員必須遵守清沿古制，凡因父母尊長之喪而解任守制的官員，稱為丁擾人員。乾隆二十九年（一七六四年）奉上諭：凡係丁擾之員，一律離任守制。除經特旨酌量留任者外，內而部院堂官，外而督撫等，均不准率行請留。著為定制。此制主要是針對漢族文武官員；其滿蒙族丁擾官員無此定制。

為什麼出現「奪情」現象呢，按照常理來說，「守制」這條規定並沒有什麼大礙，畢竟親人去世，在家守孝是天經地義的事，可是伴隨著制度的訂立，問題也出來了，比如普通士子好不容易十年寒窗熬成一官半職，還有更甚者考到七老八十才出人頭地，有志向的想一展抱負，有私念的想撈點油水，突然有親人去世又不得不還鄉守制，熬過三年，黃花菜都涼了，別說油水，命短的早就嗚呼哀哉了，實在不盡情理，如果權臣大將守制，一旦碰上個大事發生，朝廷豈不是連個可用的人都沒有了？所以還好中國人聰明，馬上就另外發明一個制度來彌補這個缺陷，這就叫奪情。

光緒八年（一八八二年），直隸總督李鴻章丁母憂時，朝廷因他久任畿疆，籌辦的一切事務非常繁巨，又一直訓練直隸軍隊，時下又添練北洋水師，經理各國通商事務，無人替代，於是催他穿孝百日後，即行回任。李鴻章懇請開任守制，朝廷就搬出雍正、乾隆年間孫嘉淦、朱軾、嵇曾筠、於敏中，及本朝曾國藩、胡林翼等在守制的新舊之例，勸說李鴻章起復。

光緒二十七年，山東巡撫袁世凱理應守制，朝廷以山東地方伏莽甚多，只同意袁世凱休假百日在撫署穿孝，假滿後改為署理，照常任事。袁世凱請假回籍營葬時，朝廷又挽留他坐鎮指揮，延期歸葬。對普通官員則仍然要求按照定制丁憂。由於朝廷在丁憂制度上實行雙重標準，使孝治天下的準則為功利事務所左右，也就無法保持禮法的嚴肅性，「各省實缺候補各官，往往有丁憂逗留省城，營謀局務各項差使，延不回籍，竟至習為故常」。

更有名的奪情事例是明代大學士張居正，張居正不守丁憂，繼續推行改革，後來成了反對派攻擊他的一大證據。

中國古代各個時期的喪葬禮儀

中國古代各個時期的喪葬禮儀都有所不同，不僅反映了先民對逝者的尊重，也體現了中國喪葬禮儀的文化多樣性。

新石器到春秋戰國時期的喪葬禮儀

一九九三年，在對北京周口店山頂洞遺址的發掘中，考古學家發現有男性老人、中年和壯年男女及五歲幼童、初生嬰兒各一人。這似乎是一塊不同年齡的男女合葬的墓地，值得注意的是老年男子、中青年婦女屍骨的周圍撒有赤鐵礦粉末。根據民族學的研究，在死者身上或身旁撒赤鐵礦粉末，是舊石器時代晚期常見的葬儀之一。紅色象徵著鮮血，血又是生命的來源和靈魂的寄託之所，在屍體上撒赤鐵礦粉，表示給死者以新的血液，賦予新的生命，或者表示他並沒有死，只是長眠罷了。

進入新石器時代的晚期，隨著民族成員之間的貴賤進一步分化，喪葬儀式也逐漸增加了宗教的內容和色彩。如山東騰縣墓葬中已出現了木槨，膠縣龍山文化遺址中又有玉。

夏商周三代時期，喪葬禮儀已向系統化、程序化的方向發展。特別是周代，「鬱鬱乎文哉」，是一個崇尚禮儀的時代。對周人來說，喪葬禮儀是一種文明的象徵。他們認為上古之民穴居野處，故其喪葬禮儀也草率簡單。時過境遷，周代的喪葬禮儀文化要比前人文明豐富多了。據記載，當時喪葬禮儀已初具雛形，屬纊、三日大殮、棺槨制度、明器制度等都已出現。

到了春秋戰國時期，喪葬禮儀已基本具備完形：人初死的時候要舉行復禮，親屬登上屋面向著北方為死者招魂，這叫做「復」。這是不認為死者已死，希望他(她)能夠復蘇的最後一次努力。只有在復而不醒的情況下，才能舉辦喪事。行復禮時，親屬要不斷呼喚死者，是男子要直呼其名，是女子要稱其字，因為古代婦女不以名行於世。接著是為死者舉行沐浴禮。沐浴時脫去死者的衣服，用盆盛水，用勺子舀水往屍體頭上身上澆灑，再用細葛製成的稀巾洗擦。沐浴以後便要舉行「斂」的儀式。斂，又作殮，意思是給屍體穿衣下棺。入殮時要往死者的口中放些米，這也叫做「飯」。也可放些玉、壁、珠、貝殼等物，這叫做「含」。具體放些什麼東西，一般以死者的身分而定。

死者入殮以後，並不立即安葬，往往要停柩待葬一段時間，這就叫做「殯」。停殯的時間有長有短，例如《左傳·僖公三十二年》中說：「冬，晉文公卒。庚辰，將殯於曲沃。」據《春秋》、《左傳》僖公三十二年的紀錄，這一年四月以後才葬晉文公，其停殯時間竟達數月。

把靈柩送到埋葬的地方叫「出殯」，也就是通常所說的送葬。送葬的禮儀一般是白衣執紼。白衣指送葬者白禮喪服，執紼即是送葬的親友們牽著栓靈車的繩子。這實際上只是一種形式。到了後世，出殯時在送殯者的行列兩旁橫拉兩根帶子，用以表示執紼。春秋戰國的這些喪葬禮儀習俗對後世產生了很大的影響，有的甚至流傳至今。

秦漢時期的喪葬禮儀

秦漢時期的喪葬禮儀大體上繼承了春秋戰國時期的喪葬禮儀，並進一步趨於隆重化。漢代的喪葬禮儀大致可以分為三個階段：一是葬前之禮，這一階段包括招魂、沐浴、飯含、大小殮、哭喪、停屍等內容；第二階段為葬禮，包括告別祭典、送葬、下棺三個環節；三是葬後服喪之禮，陪葬之物有金錢珠寶、飲食器具、印綬、兵器、樂器、明器等，「凡生人所用之器，無不可為從葬之器」。

魏晉南北朝時期的喪葬禮儀

魏晉南北朝時期的喪葬禮儀大體上與漢代相同，只是漢代明器陪葬之風甚盛，至魏晉衰落了。但此時在喪葬禮儀上出現了一種渴葬的新現象。所謂渴葬，就是不按傳統喪葬禮儀的時間流程而提前埋葬，「朝終夕葬，相尚以速」。此舉受到部分士大夫的詰難和反對，他們向朝廷上書疾呼：「請自今士庶宜悉依古，三日大殮。如其不奉，加以糾繩。」但部分士大夫的呼籲並沒有改變民間渴葬的盛行。這主要是魏晉南北朝期間，整個社會動盪不安，戰亂不停，庶民百姓生活艱難。在這樣的歷史背景下，平民百姓自然歡迎從簡從速的渴葬方式。

唐宋明清時期的喪葬禮儀

當歷史車輪進入唐代，喪葬禮儀又反而趨於崇尚周禮倡導的那套模式，在參照周禮的基礎上更加系統化、程序化了。當時一死者從斷氣到喪葬、奠祭完畢，共有六十六道儀式，繁文縟節，不一而足。這也從一個特定的角度反映出唐代盛世的面貌。

宋人對喪葬禮儀也十分重視。宋朝政府為了整飭禮儀，敦厚風俗，曾多次頒發新的喪葬儀注，嚴立禁約，其中影響最大的當推《政和禮》。北宋許多著名適士大夫也在官修禮書的同時，為整飭禮儀，紛紛著書立說，暢談各自的觀點。例如北宋司馬光根據《儀禮》而參照當時可行的喪葬禮儀，撰成《司馬氏書儀》。他所制定的喪葬程序，雖然仍舊基本沿用前代，但已根據當時民間的社會習俗作了一些刪改釐訂，多為當時士大夫所遵奉。此外，南宋儒學大師朱熹又以《司馬氏書禮》為基礎，酌古今之制而有所增削，撰成《朱子家禮》。

明、清兩代的喪葬禮儀主要依據《儀禮．士喪禮》，另外參考了《朱子家禮》，形成一套隆重而繁瑣的喪葬禮儀。

第五章　民俗禮，具情趣

第一節　骨子裡的顏色——禮尚紅、黃

中國人自稱為是炎黃子孫，而古時炎帝部落崇尚火而尚紅色，黃帝部落崇尚土而尚黃色，因此國人認為紅、黃二色是最吉祥的。古今國人偏愛紅色、黃色，並有著濃厚的文化內涵。

大吉大利的紅色

中國人的認知和文化結構表現出明顯的紅色情節，在中國的傳統文化裡，紅色具有喜慶、興旺、昌盛、繁榮、吉祥、好運、勝利、溫暖等多種美好的寓意。

重要節日，中國人會把大紅燈籠高高掛，以示慶祝。特別是春節，紅色更是營造喜慶和熱鬧氣氛的主角，除了隨處可見的大紅燈籠，牆上會貼紅底黑（金）字的對聯和「福」字，祭祖敬神的供桌上燃放的蠟燭是紅燭，擺放的是紅色的筷子。比較講究的人家過年分發的紅包也用紅色紙包著。

在一些重要儀式上，如開業剪綵會用大紅花，請柬、喜帖要寫在紅紙上。在按照傳

統模式舉辦的婚禮上，新娘要穿紅色的衣服，婚房裡貼著紅色的「囍」字，燃紅燭，鋪紅色桌布，連鞭炮也是用紅色的紙加工製作的，此時的紅色不僅代表了喜慶，還表達了人們祈求好運及幸福美滿生活的美好願望。

尚紅源於古老崇拜

古人認為烈日如火，其色赤紅，因此看到陽光下的萬物生機勃勃，就產生了對太陽的依戀與崇拜，自然而然，象徵太陽的紅色也就備受青睞。

這種崇拜由來已久，其中有名的「夸父逐日」故事流傳了幾千年。夸父逐日的故事是這樣的：

傳說黃帝王朝時代，在北方大荒中，有一座大山，拔地而起、高與天齊，故曰「成都載天」。大山削巖絕壁間雲霧繚繞，松柏挺立，一派雄偉壯麗的景色。在這仙境般的大山上，居住著大神后土傳下來的子孫，叫夸父族。他們個個身材高大，力氣足，專門喜好替人打抱不平。當南方蚩尤被黃帝打敗，派人來夸父族求援時，夸父族覺得應該幫助弱者，於是決定出兵參加反對黃帝的戰爭。蚩尤族人得到了夸父族人的幫助，如虎添翼，再和黃帝作戰時已經勢均力敵了。

黃帝的軍隊的敗北，急得黃帝一籌莫展。於是上泰山去找各路神仙幫忙，有一個自稱「玄女」的婦人前來拜見黃帝，教他兵法。接著又有人給黃帝送來了昆吾山的紅銅，供他造寶劍用。從此，黃帝藉此所學行軍布陣。

在逐鹿大戰中，黃帝終於擊敗聯軍並殺死蚩尤，剩下的夸父族人跑回了原住地。不久，大地發生了嚴重的旱災，太陽像個大火球，烤得大地龜裂，江湖涸乾，一片荒涼。夸父族全體出動找水抗旱，但江湖涸乾，到哪找水呀？夸父首領氣急了，發誓要把太陽摘下來。太陽見夸父真發火，也有點心慌，加快速度向西落去。夸父首領拔腳就追。太陽滑行得更快了，一面向夸父射出熱力，想阻止他前進。夸父儘管汗如雨注，卻不肯停步。

追呀追呀！夸父瞬息間已追了萬里。看看快追到太陽落下的地方——禺谷，「看你往哪逃！」夸父高興極了！太陽眼看無處可逃，冷笑幾聲，殺了個回馬槍——將所有的熱量一齊向夸父射去。夸父一陣頭暈目眩，眼前金星亂迸，口乾舌焦，雙手不覺軟垂。「不能倒下去！」夸父一面鼓勵自己，一面俯身去飲黃河的水，想喝點水後再捉太陽。哪知他喝乾了黃河，連渭水也喝乾了，還是感到口渴難忍。倔強的夸父決心去喝大澤的水，再去和太陽較量。大澤又叫瀚海，是鳥雀們生幼和更換羽毛的地方。夸父剛走到大澤邊，還沒俯下身來，就一陣頭暈，轟地一聲像座大山似的倒下了。

夸父遺憾地看著西沉的太陽，長嘆一聲，把手杖奮力往太陽拋去，閉上眼睛死了。第二天早晨，太陽神氣活現地從東方升起，看到頹然而倒化成大山的夸父，也不由暗暗欽佩夸父的勇氣。說也奇怪，經太陽光一照，夸父的手杖竟化成一片桃林，滿樹掛著碩大的果實。

夸父追日的傳說雖然不切實際，但他表現出古人一種大無畏的精神，也顯示出原始社會人們對太陽的敬畏。

人們對陽光有一種本能的依戀和崇拜外，還由於鑽木取火、刀耕火種的生活加速了先民對火的認知，培養了他們對紅色的親近感。

另外，在遠古時代，我們的祖先就深知血液對於人的重要作用，因而，對血液的顏色、紅色也特別崇拜，這也是我們祖先對生命敬畏的最直接的體現。

太陽帶來光明，火能帶來熱量，驅趕寒冷和野獸，而「歃血為盟」則是一種宣誓的象徵。紅色的喜慶和吉祥之意自然而然地產生了。紅色的褒義語義逐漸延伸，在漢文化裡成為了各種美好寓意的集合體。

尚紅的歷史

中國歷史上，最早使用的顏色是黑、白、土紅和赭石色，紅色是最早的「流行色」。到奴隸制社會，青、赤、白、黑、黃這五種顏色被認為是代表東、南、西、北、中和木、金、水、土、火的五方正色。

中國封建時代，夏朝流行黑色，殷商時期流行白色，周朝流行紅色，並給了紅色正統地位。

在漢朝和明朝，因為國家都興起於南方，南方表火，為朱雀，所以在當時，國家政治和文化中都提倡使用象徵火的紅色（這也是故宮紅牆紅柱的來歷之一），漢代時日為國家圖騰，太陽象徵永恆、光明、生機、繁盛、溫暖和希望，自然紅色也就擁有了太陽的象徵意義。

漢、明兩個朝代是中國最強盛的時期，同時對中國影響最深，所以漸漸地，紅色文化滲透到了中國的各個方面。

中國紅

中國紅（又稱絳色）是三原色中的紅色。中國紅代表了中國人的魂，成為中國人的文化圖騰和精神皈依。

以紅色為主色，調衍生出眾多中國紅系列：嬌嫩的榴紅、深沉的棗紅、華貴的硃砂紅、樸濁的陶土紅、滄桑的鐵鏽紅、鮮亮的櫻桃紅、明妍的胭脂紅、羞澀的緋紅和暖暖的橘紅。它們與青花藍、琉璃黃、國槐綠、長城灰、水墨黑和玉脂白構成一道繽紛的中國傳統色彩風景線。

中國紅意味著平安、喜慶、福祿、康壽、尊貴、和諧、團圓、成功、忠誠、勇敢、興旺、浪漫、性感、熱烈、濃郁、委婉；意味著百事順遂、驅病除災、逢凶化吉、棄惡揚善……

從朱門紅牆到紅木箱櫃；從孩子的貼身肚兜到以中國紅為主題的婚禮；從本命年的腰帶、佩玉的流蘇到壽星的壽服壽桃；從添丁進口時門楣上掛的紅布條到孩子滿月時做的「滿月圓」；從銘刻著權力的印泥到記錄著功勛的錦旗；從聞名遐邇的「紅、綠、黃」唐三彩到景德鎮最負盛名的「祭紅」瓷……中國紅就這樣以農耕文化為依託，以家族意識為核心，經過無數代潛移默化的薰陶，深深地嵌入了中國人的靈魂，成為當之無愧的安身立命的護身符，鎮守著儒釋道三教合一的理想疆土。

高貴的黃

班固的《白虎通義》中說到：「黃者，中和之色，自然之性，萬古不易」。說的是黃色乃中和之色，介於黑白赤橙之間，是諸種顏色的中央之色。

這種中和色與中華民族的性格相吻合，且中國「古代人民悉為黃種」，又有「黃帝者尤言黃民所奉之帝王耳」的說法，因此中華民族獨選黃色為尊貴之色。「黃」、「皇」同音，因此又被視為皇權的象徵，為統治階級所壟斷。從隋朝開始，就只有帝王才能穿黃袍了。到了唐朝，黃色就已被規定為代表皇室的色彩，到宋朝宋太祖趙匡胤，為爭奪皇位發動了陳橋兵變，兵變之後，他身邊的人趕快把一件黃袍披到他身上，趙匡胤光明正大地當了皇帝，成了宋太祖，這就是歷史上有名的「黃袍加身」的故事。

到了清朝，黃色成為皇族獨霸的顏色。清朝有位名叫年羹堯的大將，本來是平定青海叛亂的功臣，後來被皇帝判罪，其中一條罪名就是因為他出門時用黃土填路，用了黃色的荷包和包袱。由此可見，隨著封建社會的發展，黃色已經不只是一種顏色，而成為一種權力的代表。

第二節　洞房裡的故事——禮尚吉祥

拜天地

這是舊時舉行婚禮時，新郎新娘參拜天地後，復拜祖先及男方父母、尊長的儀式。也有將拜天地、拜祖先及父母和夫妻對拜統稱為拜堂。唐代，新婚之婦見舅姑，俗名拜堂。北宋時，新婚日先拜家廟，行合巹禮，次日五更，用一桌，盛鏡臺鏡子於其上，望上展拜，謂之新婦展拜。

中國傳統婚禮上新郎、新娘都要拜天地，即一拜天地、二拜月老、三拜高堂。這個拜天地的風俗是何時形成的呢？

相傳女媧造人的時候，開始只造了一個俊俏的後生，這後生雖說有吃有穿，逍遙自在，但孤孤單單一人，總覺得很悶，所以常唉聲嘆氣。一天晚上，月亮圓了，明光光地掛在天上，小夥子觸景生情，更感寂寞，就對月亮說：「月老月老你細聽，給我找個知心人，我世世代代領你的情！」話音剛落，月亮一忽閃，一個白眉長鬚的老人拄著一根龍頭枴棍來到小夥子的面前，說：「後生不要愁，我給你找個小幫手」。說完後，一陣清風，長鬚老人不見了。

小夥子感到很納悶。過了一個時辰，就見長鬚老人領著一個姑娘飄悠悠地落到小夥子面前，對小夥子說：「我到女媧那裡，讓她又造了一個女人，給你領來了。你們先認識一下，一會兒我給你們辦喜事。」一忽閃，老人又不見了。

看著面前的姑娘臉腮緋紅，像月季花一般，小夥子喜上眉梢；見著跟前的小夥子眼睛明亮，誠實坦白，姑娘也覺得情投意合。兩人四目一對、一見鍾情。小夥子結巴著說：「你願意和我一塊生活嗎？」姑娘聽了，臉上飛起兩朵紅雲，含羞說道：「願意……」

「哈哈哈！」正在這時傳來一陣笑聲，長鬚老人領著兩個白髮白鬚的老人突然出現在小夥子和姑娘面前。長鬚老人指著兩個老者說：「這是天公和土地，你們以後的生活全都離不開他倆。現在我們給你們辦喜事，首先，給養育你們的天公、土地拜三拜，

『一拜、二拜、三拜』。」隨著月下老人的喊話聲，小夥子和姑娘對天、地拜了三拜。隨後，月下老人笑著說：「我給你們牽紅線，你們還得給我拜拜哩。」，「一拜、二拜、三拜」。小夥子和姑娘又對著月下老人拜了三拜。拜完，三位老人全又不見了。

從這以後，小夥子每天起早摸黑，在田裡幹活，姑娘在家為小夥子燒火做飯，縫新洗舊，兩人恩恩愛愛，過著幸福的日子。

為了感謝天、地的養育之恩，為了感激月下老人牽線搭橋的情意，從此以後，人們在結婚時，必須一拜天地，二拜月下老人，三拜父母，形成了結婚「拜天地」的習俗。

新郎新娘入洞房的由來

新郎新娘入洞房，據說是來源於一個故事。

從前，在一個村裡住著個叫新郎的小夥子，他獨自一人住著三間草房，靠開飯鋪過日子。新郎很有才，三里五鄉的人有什麼難事都找他。他在自家門上掛了個牌子，上面寫著：「有志不在年高，無志枉活百年。」

有三個皮匠去趕廟會，這一天，路過新郎的家門，看見這個木牌子，感到稀罕。一個皮匠說：「口氣不小，進去看看。」

他們三人遂進門，新郎趕緊出來迎接，禮貌地說：「三位老兄，來來來，屋裡坐。」他又搬凳子又倒茶，一陣忙活，又問：「三位老兄，有什麼事？」

「沒事，我們路過門口，見牌子上寫得挺文明，想請你辦件事，不知能不能辦到？」

「讓人讓到底，送人送到家。你們有什麼事，儘管說吧。」

大皮匠說：「我想要像太陽一樣大的一個饃。」

二皮匠說：「我想要像海一樣大的一甕油。」

三皮匠說：「給我織路那麼長的一匹布。」

新郎聽了哈哈大笑：「三位老兄，得多長時間？」

三人再一商量，嗯，怕夜長夢多，就又說道：「三天就要。」

說完三人走了。

第三天，三人早早來了，進門就喊：「新郎在家嗎？」

「在。」

大皮匠問：「我要的饃，怎麼樣了？」

新郎不慌不忙地說：「我給你把面發上了，你去量量太陽有多大，弄準了我再蒸。」

大皮匠一聽傻了眼，愣了一會兒，忙說：「不要了，不要了，你愛蒸多大蒸多大吧。」

二皮匠說：「海一樣大的一甕油，你準備好了嗎？」

「你把大甕搬過來，我就給你裝油。」

二皮匠一聽，連忙紅著臉羞愧地說：「我本來想難為你，你倒難起我來，不要了。」

接下來是三皮匠：「我要的布，織好了嗎？」

「你把路量量有多少丈多少尺，我織的時候好有個頭哇！」

三皮匠一聽也「哧」一聲笑了，搖搖頭說：「不要了，不要了。」

新郎看他們一個個沒話說了，才開了腔：「三位老兄，早聽說過你們見多識聞，今天求你們辦點事。」

「有什麼事，儘管說。」

新郎說：「我要六證，幫我買去吧。」

三人一聽，你看看我，我看看你，都不知啥叫六證，也不好意思問一聲，偷偷一商量，決定到別處打聽去，不能讓小夥子看出他們沒本事。

於是他們走到哪兒，打聽到哪兒，就是沒有一個知道的。這天來到一個山頭，這山叫黃花山，看見一位漂亮姑娘正洗衣裳。他們上前施個禮，說：「請問姑娘，你們村有沒有賣六證的？如果有，要多少錢給多少錢。」姑娘一聽咯咯笑了：「我家就有六證。」

這位姑娘叫陳娘，也是個有才的女子。回到家裡，她翻箱倒櫃，拾掇出六件東西：剪子、梳子、鏡子、斗、秤和算盤。姑娘對三個皮匠解釋說：「裁衣裳剪子為證，梳頭梳子為證，容顏好不好鏡子為證，斤兩大小秤為證，過量米麵斗為證，結算帳目算盤為證，這就是六證。」

三人聽陳娘說得有條有理，非常佩服，說道：「我們找了多少天，不想來你這兒找到了，要多少錢吧？」

「一分錢不要。只想問問你們是給誰找的？」

「給一個叫新郎的小夥子。」

「噢，以後有什麼事還來這兒找我。」

「請問姑娘大名。」

「我叫陳娘。」

三人高高興興帶著六證回來了，見到新郎把東西一交，說：「你看這是不是六證？」

「是是，正好，在哪買的？」

「在黃花山，一個叫陳娘的送給的。」

「有多大歲數？」

「十八九歲。」

「三位仁兄啊，煩勞你們再跑一趟吧。」

「行。」

「給她帶上幾句話。」新郎說著，提筆寫道：「寅時想姑月偏西，菜在園中水在溪。家中有米無人煮，床上有枕少個妻。」下綴「新郎」。他疊了又疊，折了又折交給了他們。

三人直奔黃花山，找到陳娘。她看完信笑了笑，拿出筆來寫了這樣幾句：「屋中無梁，沒檁沒牆，冬暖夏涼，天然一堵石頭牆。」三皮匠回來，把信交給新郎。新郎拆開一看，哈哈大笑：「多謝三位老兄，這事你們甭管了。」

新郎多聰明！一看就知道，陳娘住在一個石洞裡，邀他去那裡。他急急忙忙打點了行裝去找陳娘。走到一座山上，在一個石洞前遇見一位姑娘。就上前施禮：「姑娘，向您打聽個人，可曾知道？」

姑娘說：「說吧，這一片兒有名有姓的我都知道。」

「有個叫陳娘的，住在哪裡？」

「你是……」

「我叫新郎。」

姑娘臉一紅：「我叫陳娘。」

「你叫我好找！」

「你叫我好盼！」

當天晚上，兩人在山洞裡成了親。新郎說：「你別叫陳娘了，以後改叫新娘吧。」

自此，人們就把新婚的男女稱為新郎、新娘，結婚的第一天晚上叫入洞房。入洞房實際上是入山洞。三媒六證的說法據說也是從這兒興起來的。

鬧洞房的來由和講究

鬧洞房是任何婚禮都不可少的內容，它是婚禮的高潮，也是最熱鬧、最有趣的節目。

在民俗中，人們認為洞房中常有狐狸、鬼魅作祟，為了趨逐邪靈的陰氣，增強人世的陽氣，於是鬧洞房，所以民間俗語說「人不鬧鬼鬧」。新婚之夜，親戚朋友圍坐房中，對新娘百般戲謔，稱為「鬧房」、「戲新娘」。

鬧洞房的習俗起源甚古，《漢書》記載「燕地嫁娶之夕，男女無別，僅以為榮。」鬧房之俗可能起源於「聽房」。

在新婚之夜，親朋好友在洞房窗外竊聽新媳婦的言語和動作，人們感興趣的無非就是男歡女愛之事。從性心理的角度講，這種舉動似乎正是佛洛伊德理論中的「意淫」之舉。以後逐漸演變成為戲弄新娘的鬧洞房。此種風俗行至唐代，風行民間，不但男方親屬，賀賓客朋都有戲弄新娘的權利，連不相干的陌生人也可以中途阻攔，品頭論足，撫摸取笑。

鬧洞房的方式各式各樣，各地有同有異，總括起來可分為文鬧和武鬧兩種。文鬧是以較文雅的方式鬧洞房。往往都是向新娘出謎語、對對子，請其講述戀愛經歷及平常不見於口的男女之事，山西民間又稱「說令子」，妙趣橫生，迫使新娘無法對答而大出洋相，藉以取樂。「是夕，好事者多以談諧語編為詞調，強使新婦歌之，名曰『鬧房』。」

武鬧是使用較為粗野的方式鬧洞房，不僅口出穢言，還對新娘動手動腳，頗有惡作劇的性質。

鬧洞房時，平輩、晚輩、親戚朋友，同學同事均可參加，他們擁入新房，嬉笑逗樂，極盡所能，想出種種方式。俗話說「三日沒大小」，除了爹媽都能鬧。這期間，人們之間隨隨便便的關係是禮俗所允許的，很多禁忌都被解除了，頗似西方文化中的狂歡節。

無論如何戲鬧，如何難以接受，新娘是萬萬不能反目生氣的。如若氣走了鬧洞房的人，將被視為是新娘的任性，人緣不好，日後的光景就不會好過。

鬧洞房是對新婚夫妻的一種祝賀方式，在功能上也是對新婚夫妻的考驗，包括機智與耐心，原本是一種「關口考驗」，但在民間往往行之過分，成為陋俗。

綜觀鬧洞房之俗，首先，這是一種人們性意識的外化與下意識的衝動，人們從鬧房戲婦與撫婦之中，表現了對異性的某種挑逗，發洩出來之後便可克服既羨且忌的心理，以達到性在「下意識」界域的某種平衡，這種對異性的態度與行為在平時是受到嚴格限制的，鬧洞房正好提供了一種機會。

其次，鬧洞房是傳統婚姻中包辦婚姻的產物。因為只有在新婚典禮之後，激動的新郎才可揭開新娘的紅蓋巾，這對新人以前不相識，無相交，更無情感的溝通，第一次見面便要共墜愛河，顯然是陌生和難堪的。因此，鬧洞房習俗可以消除彼此的距離和陌生感，協調倆人之間的緊張氣氛，融洽感情。無疑，洞房之鬧是百米賽跑前的必要準備。

再者，鬧房可以使雙方的親友們熟悉起來，顯示家庭賓朋滿座，興旺發達，增進親友間的溝通與感情，以及鄰裡間的和睦。

熱鬧是中國人生活的美學理想，鬧洞房正是臻於此境的手段。

交杯酒與結髮夫妻

新郎與新娘的「交杯酒」是每一個結過婚或參加過婚禮的人非常熟悉的。「合巹」就是指新婚夫妻在洞房之內共飲合歡酒。巹是瓢之意，把一個匏瓜剖成兩個瓢，新郎新娘各拿一個，用以飲酒，就叫合巹。

合巹始於周代，後代相巹用匏，而匏是苦不可食之物，用來盛酒必是苦酒。所以，夫妻共飲合巹酒，不但象徵夫妻合二為一，自此已結永好，而且也含有讓新娘新郎同甘共苦的深意。正如《禮記》所載：「所以合體，同尊卑，以親之也。」

宋代以後，合巹之禮演變為新婚夫妻共飲交杯酒。《東京夢華錄．娶婦》記載：新人「用兩盞以彩結連之，互飲一盞，謂之交杯。飲訖，擲盞並花冠子幹床下，盞一仰一合，谷雲大吉，則眾喜賀，然後掩帳訖。」這個儀式的象徵意義是意味深長的。用綵綢或彩紙把兩個酒杯連線起來，男女相互換名，各飲一杯，象徵此後夫妻便連成一體，合體為一。當然很多情況下，「唯新婦羞澀，不肯染指一嘗」（《解縣誌》）。飲過之後把杯子擲於床下，以卜和諧與否，如果酒杯恰好一仰一合，它象徵男俯女仰、美滿交歡、天覆地載，這陰陽和諧之事顯然是大吉大利的了。

民國時期，民間結婚，拜天地之後，「匯入洞房，婿先進，上床踏四角，新娘繼入，坐床後隅，飲交杯酒，是日『合巹』，合巹之後，尚有謁祖日見勇姑等禮，大抵於結婚之翌日行之」（《浮山縣誌》）。

按民俗傳統，交杯酒是在洞房內舉行的，所以都把合巹與入洞房連在一起，但不管此俗的表現方式有何不同，其寓意與心態都是一致的，結永好、不分離的暗示對於新婚夫妻今後長期的婚姻生活都會產生影響。

在交杯酒過後，常常還要舉行結髮之禮。結髮在古代稱合髻，取新婚男女之髮而結之，新婚夫妻同坐於床，男左女右。不過，此禮只限於新人首次結婚，再婚者不用。人們常說的結髮夫妻，也就是指原配夫妻。娶妾與續弦等都不能得到結髮的尊稱。

古代婚俗中，結髮具有非常莊重的意義，因為結髮意味著「第一次」。在男女授受不親，人們一生中深交的異性寥若星辰的情況下，結髮，意味著第一次接受了異性的新鮮，第一次發出會心的微笑，第一次品嚐了愛的幸福，第一次組建了屬於自己的家庭。後來這一習俗雖逐漸消失，但結髮這一名詞卻保留下來了。結髮夫妻受到人們的尊重，結髮象徵著夫妻永不分離的美好含義。在男人們可以娶妾、養姨太太的時代，結髮夫妻就顯得尤為突出，以至於不論是朝為田舍郎，暮登天子堂的新科進士，還是突發橫財的商人地主，在攀援富貴、尋花問柳、續納小妾之時，一般都要對結髮夫妻保持一定的尊重。

洞房驗貞

在《詩經》中，我們可以讀到許多婦女與情人們私奔的故事，至少在孔子時代，社會上層中，男女之間的性關係之混亂多少有如墜落的羅馬時代。當時離婚很容易，再婚也並不難，少女的貞操還不是人們特別關心的問題。

隨著儒學的興起，特別是宋代的理學泛濫之後，婦女被認為要對社會道德負起責任，理學家們強迫婦女生活在禁閉的世界裡，寡婦再嫁是道德上的罪惡，極其珍視婦女的貞潔。

此後，中國人對於婦女貞潔的崇拜也就成了一種心理上的痴迷。這種痴迷的一個惡劣的例子便是所謂的「洞房驗貞」。這種習俗把新娘子的貞潔與否，變成了一種當場驗明並有眾人在一旁作證的赤裸裸的處女檢驗，可悲的是，新郎並不以為這是對自己情感的褻瀆，新娘也不覺得是對自身人格的侮辱。習俗已經扭曲了人們的心靈。

洞房驗貞的習俗在民間被稱作「驗紅」、「授巾」，一般是在結婚之日，由新娘之母送給女兒或者女婿的白色巾帕，以為初行房事時之用，民間也稱「喜帕」。

舊時，歷朝定婚禮都有授巾之禮。有的地方如廣東，授巾之後，新郎新娘關門入室，雲雨做愛，而新郎的父母親友則在門外靜候，風流之後，新郎手捧朱盤，盤內放著所授之巾，蓋以紅帕，其所示新娘為處女新紅，眾人皆大歡喜，紛紛表示祝賀，並以燒豬送於新娘娘家。

在此之前，娘家人一直惴惴不安，唯恐新娘不見處女紅。由於處女膜是否破裂成為檢驗貞女的唯一標準，一旦未見其紅，新郎與家人便要歸因於新娘不貞，至少在心理上要產生很大的猜忌與不和，形成隔膜。輕者使新娘無言以對，受辱終生，在婆家和丈夫面前無地位，重者由媒人遣送女子返回娘家。

重視處女紅是中國社會的普遍觀念。善於觀察的文人們又把其賦予了浪漫的情調。王實甫的《西廂記》在記述了張生與崔鶯鶯的幽會之後，特別提及香巾，他寫道：「(後庭花)春羅兒瑩白，早見紅香點嫩色，燈下低睛覷，胸前著肉揣，暢奇哉，渾身通泰，不知春從何處來。」

陶宗儀的《輟耕錄》記載了一個人娶新娘後未見處女紅，文人袁可潛贈與如夢令一首「今夜盛排宴筵，準擬靈芳一遍，春已去時，問甚紅深紅淺，不見，不見，還你一方白絹。」

第三節　過年節的風俗——禮尚團圓

「過個大年，忙亂半年」，古人從臘月開始忙「年事」，一直到過了元宵，這年才是過完了。那麼年是什麼？

年是穀穗沉沉下垂的的形象，是收穫的象徵，所謂「五穀熟曰年」。古文《爾雅·釋天》中稱：「夏曰歲，商曰祀，周曰年，唐虞曰載。」這說明自周代就有「年」的稱謂。

甲骨文中的「年」字稱為「稔熟」，指穀類成熟。《國語．鄭語》中寫道：「凡周存亡，不三稔矣。」農民把莊稼從種到收為一「年」。故古人稱：五穀皆熟為「有年」，五穀大熟為「大有年」，所謂有「年」，就是有了好收成。後將慶豐收之日為過「年」。

還有一種說法，「年」是一隻怪獸，一年四季都在深海裡，只有除夕才爬上岸來。它一上岸，所到之處便是洪水泛濫。後來人們在家門口貼起紅紙，院子裡燒柴禾、攏旺火，用菜刀剁菜肉，發出雷鳴般的聲音，把「年」嚇回了海裡，於是就有了除夕貼對聯、掛綵燈、穿新衣，還要剁餃餡包餃子，晚上還要攏旺火、燒柴禾，這個過程就是年了。

古代人是怎樣過年的呢？我們先來聽聽這首「年節歌」：

二十三祭灶天，
二十四寫聯對，
二十五做豆腐，
二十六割年肉，
……
初一初二磕頭兒，

初三初四耍球兒，
初五初六跳猴兒，
……

祭灶

中國春節，一般是從祭灶揭開序幕的。民謠中「二十三，糖瓜黏」指的即是每年臘月二十三或二十四的祭灶，有所謂「官三民四船家五」的說法，也就是官府在臘月二十三，一般民家在二十四，水上人家則為二十五舉行祭灶。

祭灶是一項在中國民間影響很大、流傳極廣的習俗。舊時，差不多家家灶間都設有「灶王爺」神位。人們稱這尊神為「司命菩薩」或「灶君司命」，傳說他是玉皇大帝封的「九天東廚司命灶王府君」，負責管理各家的灶火，被作為一家的保護神而受到崇拜。

灶王龕大都設在灶房的北面或東面，中間供上灶王爺的神像。沒有灶王龕的人家也有將神像直接貼在牆上的。有的神像只畫灶王爺一人，有的則有男女兩人，女神被稱「灶王奶奶」，這大概是模仿人間夫婦的形象。灶王爺像上大都還印有這一年的日曆，上書「東廚司命主」、「人間監察神」、「一家之主」等文字，以表明灶神的地位。兩旁貼上「上天言好事，下界保平安」的對聯，以保佑全家老小的平安。

灶王爺自上一年的除夕以來就一直留在家中，到了臘月二十三便要昇天，去向天上的玉皇大帝匯報這一家人的善行或惡行，送灶神的儀式稱為「送灶」或「辭灶」。玉皇大帝根據灶王爺的匯報，再將這一家在新的一年中應該得到的吉凶禍福的命運交與灶王爺之手。因此，對一家人來說，灶王爺的匯報實在具有重大利害關係。

送灶多在黃昏入夜之時舉行。一家人先到灶房，擺上桌子，向設在灶壁神龕中的灶王爺敬香，並供上用飴糖和麵做成的糖瓜等，用飴糖供奉灶王爺，是讓他老人家甜甜嘴。

有的地方還將糖塗在灶王爺嘴的四周，邊塗邊說：「上天言好事，回宮降吉祥。」這是用糖塞住灶王爺的嘴，讓他別說壞話。在唐代著作《輦下歲時記》中，間有「以酒糟塗於灶上使司命（灶王爺）醉酒」的記載。

人們用糖塗完灶王爺的嘴後，便將神像揭下，和紙與煙一起昇天了。

有的地方則是晚上在院子裡堆上芝麻稭和松樹枝，再將供了一年的灶君像請出神龕，連同紙馬和草料，點火焚燒。院子被火照得通明，此時一家人圍著火叩頭，邊燒邊禱告：今年又到二十三，敬送灶君上西天。有壯馬，有草料，一路順風平安到。供的糖瓜甜又甜，請對玉皇進好言。

送灶君時，有的地方尚有乞丐數名，喬裝打扮，挨家唱送灶君歌，跳送灶君舞，名為「送灶神」，以此換取食物。

送灶習俗在中國南北各地極為普遍，魯迅先生曾寫有《庚子送灶即事》詩：「隻雞膠牙糖，典衣供辦香。家中無長物，豈獨少黃羊。」他在《送灶日漫筆》一文中說：「灶君昇天的那日，街上還賣著一種糖，有柑子那麼大小，在我們那裡也有這東西，然而扁的，像一個厚厚的小烙餅。那就是所謂膠『牙餳』了。本意是在請灶君吃了，黏住他的牙，使他不能調嘴學舌，對玉帝說壞話。」

魯迅詩中提到「黃羊」的典故，出於《後漢書·陰識傳》：「宣帝時，陰子方者至孝有仁恩。臘日晨炊，而灶神形見，子方再拜受慶；家有黃羊，因以祀之。自是巳後，暴至鉅富。至識三世，而遂繁昌，故後常以臘日祀灶而薦黃羊焉。」陰子方看見灶神，殺黃羊祭祀，後來交了好運。從此，殺黃羊祭灶的風俗就流傳下來了。

臘月二十三日的祭灶與過年有著密切的關係。因為，在一週後的大年三十晚上，灶王爺便帶著一家人應該得到的吉凶禍福，與其他諸神一同來到人間。灶王爺被認為是為天上諸神引路的。其他諸神在過完年後再度昇天，只有灶王爺會長久地留在人家的廚房內。迎接諸神的儀式稱為「接神」，對灶王爺來說叫做「接灶」。接灶一般在除夕，儀式要簡單得多，到時只要換上新灶燈，在灶龕前燃香就算完事了。

俗語有「男不拜月，女不祭灶」的說法。有的地方女人是不祭灶的，據說，灶王爺長得像個小白臉，怕女的祭灶，有「男女之嫌」。

對於灶王爺的來歷，說起來源遠流長。在中國的民間諸神中，灶神的資格算是很老的。早在夏代，他已經是民間所尊奉的一位大神了。據古籍《禮記·禮器》孔穎達疏：「顓頊氏有子曰黎，為祝融，祀為灶神。」《莊子·達生》記載：「灶有髻。」司馬彪註釋說：「髻，灶神，著赤衣，狀如美女。」《抱朴子·微旨》中又記載：「月晦之夜，灶神亦上天告人罪狀。」這些大概是祭灶神的來源吧。

掃塵

舉行過灶祭後，便正式地開始做迎接過年的準備。每年從農曆臘月二十三日造成除夕止，中國民間把這段時間叫做「迎春日」，也叫「掃塵日」。掃塵就是年終大掃除，北方稱「掃房」，南方叫「撣塵」。春節來臨，家家戶戶都要打掃環境，清洗各種器具，拆洗被縟窗簾，灑掃六閭庭院，撣拂塵垢蛛網，疏濬明渠暗溝。大江南北，到處洋溢著歡歡喜喜搞衛生、乾乾淨淨迎新春的氣氛。

「臘月二十四，撣塵掃房子」的風俗由來已久。據《呂氏春秋》記載，中國在堯舜時代就有春節掃塵的風俗。按民間的說法：因「塵」與「陳」諧音，新春掃塵有「除陳布新」的含義，其用意是要把一切「窮運」、「晦氣」通通掃出門。這一習俗寄託著人們破舊立新的願望和辭舊迎新的祈求。

有趣的是，古時有關掃塵的由來，卻有一個頗為有趣的傳說。古人認為人的身上都附有一個三屍神，像影子一樣跟隨著人的行蹤，形影不離。「三屍神」在道教稱為在人體內作祟的「神」。據《太上三屍中經》說：每逢庚申那天，他們便上天去向天帝陳說人的罪惡；但只要人們在這天晚上通宵不眠，便可避免，叫做「守庚申」。

三屍神是個喜歡阿諛奉承、愛搬弄是非的傢夥，他經常在玉帝面前造謠生事，把人間描述得醜陋不堪。久而久之，在玉皇大帝的印象中，人間簡直是個充滿罪惡的骯髒世界。一次，三屍神密報，人間在詛咒天帝，想謀反天庭。玉皇大帝大怒，降旨迅速察明人間犯亂之事，凡怨忿諸神、褻瀆神靈的人家，將其罪行書於屋簷下。再讓蜘蛛張網遮掩以作記號。玉皇大帝又命王靈官於除夕之夜下界，凡遇作有記號的人家，滿門斬殺，一個不留。

三屍神見此計即將得逞，乘隙飛下凡界，不管青紅皂白，惡狠狠地在每戶人家的屋簷牆角作上記號，好讓王靈官來個斬盡殺絕。正當三屍神在作惡時，灶君發覺了他的行蹤，大驚失色，急忙找來各家灶王爺商量對策。思來想去，終於想出了一個好辦法，廣告周知各家各戶於臘月二十三送灶之日起，到除夕接灶前，必須把房屋打掃得乾乾淨淨，哪戶不清潔，灶王爺就拒絕進宅。大家遵照灶王爺昇天前的囑咐，清掃塵土，撣去蛛網，擦淨門窗，把自家的宅院打掃得煥然一新。

等到王靈官除夕奉旨下界檢視時，發現家家戶戶窗明幾淨，燈火輝煌，人們團聚歡樂，人間美好無比。

王靈官找不到表明劣跡的記號，心中十分奇怪，便趕迴天上，將人間祥和安樂、祈求新年如意的情況稟告玉皇大帝。玉皇大帝聽後大為震動，降旨拘押三屍神，下令掌嘴三百，永拘天牢。

這次人間劫難多虧灶神搭救才得倖免。為了感激灶王爺為人們除難消災、賜福張祥，所以民間掃塵總在送灶後開始，直忙到大年夜。

貼春聯和門神

春聯，起源於桃符。桃符，是指周代懸掛在大門兩旁的長方形桃木板。據《後漢書．禮儀志》說，桃符長六寸，寬三寸，桃木板上書「神荼」、「鬱壘」二神。「正月一日，造桃符著戶，名仙木，百鬼所畏。」所以，清代《燕京時歲記》上說：「春聯者，即桃符也。」

五代時，西蜀的宮廷裡，有人在桃符上提寫聯語。據《宋史．蜀世家》說：「後蜀主孟昶令學士章遜題桃木板，以其非工，自命筆題雲：『新年納餘慶，嘉節號長春』。」，這便是中國的第一副春聯。直到宋代，春聯仍稱桃符，只是桃符由桃木板改為紙張，叫「春貼紙」。

明代，桃符才改稱「春聯」。明代陳雲瞻《簪雲樓雜話》中載：「春聯之設，自明太祖始。帝都金陵，除夕前忽傳旨：公卿士庶家門口須加春聯一幅，帝微行時出現。」朱元璋不僅親自微服出城，觀賞笑樂，他還親自題春聯。他經過一戶人家，見門上不曾貼春聯，便去詢問，知道這是一家閹豬的，還未請人代寫。朱元璋就特地為那閹豬人寫了「雙手劈開生死路，一刀割斷是非根」的春聯。聯意貼切、幽默。經明太祖這一提倡，此後春聯便沿襲成為習俗，一直流傳至今。

每當大年三十（或二十九），家家戶戶都紛紛上街購買春聯，有雅興者自己也鋪紙潑墨揮春，將宅子裡裡外外的門戶裝點一新。

除了貼對聯，便是貼門神。門神，傳說是能捉鬼的神荼鬱壘。東漢應劭的《風俗通》中引《黃帝書》說：上古的時候，有神荼、鬱壘倆兄弟，他們住在度朔山上。山上有一棵桃樹，樹蔭如蓋。每天早上，他們便在這樹下檢閱百鬼。如果有惡鬼為害人間，便將其綁了喂老虎。後來，人們便用兩塊桃木板畫上神荼、鬱壘的畫像，掛在門的兩邊用來驅鬼避邪。南朝．梁．宗懔《荊楚歲時記》中記載：正月一日，「造桃板著戶，謂之仙木，繪二神貼戶左右，左神荼，右鬱壘，俗謂門神。」

然而，真正史書記載的門神，卻不是神荼、鬱壘，而是古代的一個勇士，叫做成慶。在班固的《漢書．廣川王傳》中記載：廣川王（去疾）的殿門上曾畫有古勇士成慶的畫像，短衣大褲長劍。到了唐代，門神的位置便被秦叔寶和尉遲敬德所取代。

《西遊記》中敘述就更加詳細：涇河龍王為了和一個算卜先生打賭，結果犯了天條，罪該問斬。玉帝任命魏徵為監斬官。涇河龍王為求活命，向唐太宗求情。太宗答應了，到了斬龍的那個時辰，便宣召魏徵與之對奕。沒想到魏徵下著下著，打了一個盹兒，就魂靈昇天，將龍王斬了。龍王抱怨太宗言而無信，日夜在宮外呼號討命。太宗告知群臣，大將秦叔寶道：「願同尉遲敬德戎裝立門外以待。」太宗應允。那一夜果然無事。太宗因不忍二將辛苦，遂命巧手丹青，畫二將真容，貼於門上。後代人相沿下來，於是，這兩員大將便成為千家萬戶的守門神了。

在今天潮汕一些舊式門樓的兩扇大門上，我們還可以見到神荼、鬱壘或者兩員雄糾糾的戰將，形像似乎一樣，但是仔細觀察，其中一位手執鋼鞭，另一位手執鐵鐧。執鞭者是尉遲敬德，執鐧者是秦瓊。

貼年畫

過年，人們除了貼春聯，貼門神外，還喜愛在客廳裡、臥室中掛貼年畫。一張張新年畫給家家戶戶平添了歡樂的節日氣氛。

年畫是中國的一種古老的民間藝術，反映了人民大眾的風俗和信仰，寄託著人們對未來的希望。

年畫，也和春聯一樣，起源於「門神」。春聯由神荼、鬱壘的名字而向文字發展，而年畫依然沿著繪畫方向發展。隨著木板印刷術的興起，年畫的內容已不僅限於門神之類，而漸漸把財神請到家裡，進而在一些年畫作坊中產生了如《福祿壽三星圖》、《天官賜福》、《五穀豐登》、《六畜興旺》、《迎春接福》等彩色年畫、以滿足人們喜慶祈年的美好願望。

中國有年畫的三個重要產地：蘇州桃花塢，天津楊柳青和山東濰坊，形成中國年畫的三大流派。

中國收藏最早的年畫是南宋《隨朝窈窕呈傾國之芳容》木刻年畫，畫的是王昭君、趙飛燕、班姫和綠珠四位古代美人。不過中國民間流傳最廣的卻是一幅《老鼠娶親》的年畫。這畫描繪了老鼠依照人間的風俗迎娶新娘的有趣場面。其畫構圖生動活潑，熱鬧非凡。此畫曾給魯迅先生留下不可磨滅的印象。正如他說的那樣，這幅寓教於樂的《老鼠娶親》，不但喚起成年人的興趣，對兒童的藝術感染力更為強烈。

民間流傳新年除夕之夜是老鼠娶親的吉日良辰，人們要放一些食物在床下、灶間，算是送給鼠新郎的禮物，以祈求來年五穀豐登。有些老奶奶在臨睡前常逗孩子說：「快把鞋藏好，別讓老鼠偷走當花轎了。」此話即源於此。因此，年畫《老鼠娶親》特別能引起孩子們的共鳴。

貼福字

每逢新春佳節，家家戶戶都要在屋門、牆壁、門楣上貼上大大小小的「福」字。春節貼「福」字，也是中國民間由來已久的風俗。據《夢粱錄》記載：「歲旦在邇，席鋪百貨，畫門神桃符，迎春牌兒……」、「士庶家不論大小，俱灑掃門閭，去塵穢，淨庭戶，換門神，掛鐘馗，釘桃符，貼春牌，祭祀祖宗。」文中的「貼春牌」即是寫在紅紙上的「福」字。

「福」字現在的解釋是「幸福」，而在過去則指「福氣」、「福運」。春節貼「福」字，無論是現在還是過去，都寄託了人們對幸福生活的嚮往，也是對美好未來的祝願。民間為了更充分地體現這種嚮往和祝願，乾脆將「福」字倒過來貼，表「幸福已到」、「福氣已到」。「福」字倒貼在民間還有一則傳說。明太祖朱元璋當年用「福」字作暗記準備殺人。好心的馬皇后為消除這場災禍，令全城大小人家必須在天明之前在自家門上貼上一個「福」字。馬皇后的旨意自然沒人敢違抗，於是家家門上都貼了「福」字。其中有戶人家不識字，竟把「福」字貼倒了。

第二天，皇帝派人上街檢視，發現家家都貼了「福」字，還有一家把「福」字貼倒了。皇帝聽了稟報大怒，立即命令御林軍把那家滿門抄斬。馬皇后一看事情不好，忙對朱元璋說：「那家人知道您今日來訪，故意把福字貼倒了，這不是『福到』的意思嗎？」皇帝一聽有道理，便下令放人，一場大禍終於消除了。從此人們便將福字倒貼起來，一求吉利，二為紀念馬皇后。

民間還有將「福」字精描細做成各種圖案的，圖案有壽星、壽桃、鯉魚跳龍門、五穀豐登、龍鳳呈祥等。過去民間有「臘月二十四，家家寫大字」的說法，「福」字以前多為手寫，現在市場、商店中均有出售。

除夕夜

除夕是指每年農曆臘月的最後一天的晚上，它與春節（正月初一）首尾相連。「除夕」中的「除」字是「去；易；交替」的意思，除夕的意思是「月窮歲盡」，人們都要除舊布新，有舊歲至此而除，來年另換新歲的意思，是農曆全年最後的一個晚上。故此期間的活動都圍繞著除舊布新，消災祈福為中心。

周、秦時期每年將盡的時候，皇宮裡要舉行「大儺」的儀式，擊鼓驅逐疫癘之鬼，稱為「逐除」，後又稱除夕的前一天為小除，即小年夜；除夕為大除，即大年夜。

除夕是一年中最使人留戀的一晚。除夕之夜最為熱鬧喧囂，天一抹黑，孩子們或者半大小夥子早已拿著香火，東一聲、西一響地放起鞭炮來了。膽大的放大砲仗，年幼的一隻手捂著耳朵，遠遠地探著點身子，其他小孩兩手捂著耳朵，緊張而又焦急地等待著……此情此景，即使人到白頭也都還能記得。

除夕的主要活動有三項：吃團圓飯（年夜飯），祭祀，守歲吃餃子。

吃年夜飯是春節家家戶戶最熱鬧愉快的時候。大年夜，豐盛的年菜擺滿一桌，闔家團聚，圍坐桌旁，共吃團圓飯，心頭的充實感真是難以言喻。人們既是在享受滿桌的佳餚盛饌，也是在享受那份快樂的氣氛。桌上有大菜、冷盆、熱炒、點心，一般少不了兩樣東西，一是火鍋、一是魚。火鍋沸煮，熱氣騰騰，溫馨撩人，說明紅紅火火。另外，因為「魚」和「餘」諧音，是象徵「吉慶有餘」，也喻示「年年有餘」。還有蘿蔔俗稱菜頭，祝願有好彩頭；龍蝦、爆魚等煎炸食物，預祝家運興旺如「烈火烹油」。最後多為一道甜食，祝福往後的日子甜甜蜜蜜，這天，即使不會喝酒的，也多少喝一點。

古代，過年喝酒，非常注意酒的品質，有些酒現在已經沒有了，只留下許多動人的酒名，如「葡萄醅」、「蘭尾酒」、「宜春酒」、「梅花酒」、「桃花酒」、「屠蘇酒」等。

年夜飯的名堂很多，南北各地不同，有餃子、餛飩、長面、元宵等，而且各有講究。北方人過年習慣吃餃子，是取新舊交替「更歲交子」的意思。又因為白麵餃子形狀像銀元寶，一盆盆端上桌象徵著「新年大發財，元寶滾進來」之意。有的包餃子時，還把幾枚沸水消毒後的硬幣包進去，說是誰先吃著了，就能多賺錢。

吃餃子的習俗是從漢朝傳下來的。相傳，醫聖張仲景在寒冬臘月，看到窮人的耳朵被凍爛了，便製作了一種「祛寒嬌耳湯」給窮人治凍傷。他用羊肉、辣椒和一些祛寒溫熱的藥材，用麵皮包成耳朵樣子「嬌耳」，下鍋煮熟，分給窮人吃，人們吃後，覺得渾身變暖，兩耳發熱。以後，人們仿效著做，一直流傳到今天。

新年吃餛飩，是取其開初之意。傳說世界生成以前是混沌狀態，盤古開天闢地，才有了宇宙四方，長面，也叫長壽麵。新年吃麵，是預祝壽長百年。

過年還要祭神，祭的是什麼神呢？相傳是「年夜菩薩」。這年夜菩薩是含糊的說法，不是特指哪一位。也有說祭的就是土地菩薩，但一般的「請土地」好像還要簡單一些。

舊時過年供的是一排「馬張」。「馬張」是長方形的印有神像的紅紙，長約一尺餘，中間插一根稻草以防彎曲。十幾條「馬張」排在一起，用木製的「馬張架子」夾住，可能算是諸神的代表。據說諸神吃得高興，酒喝多了，馬張會變淫。也有人家不用「馬張」，用的是一塊神牌，上寫「祭神如神在」五字，那用的是「論語」筆法，更是含糊其詞了。

「過年」祭神的供品為一大塊肋條熟肉、一隻熟公雞（屁股上還需插幾根雞尾巴毛）、一條生魚、二蒸年糕。這是四大件，還有就是幾個碟子，放點千張、豆腐乾，蘋果、橘子，糕餅，還有鹽、糖。大戶人家供品當然還要豐富得多。

然後，家人依次跪拜。以後上一次香，跪拜一次。上過三次香，酒過三巡，便可送神了。到門外燃放鞭炮，把金元寶和點剩的香都燒了，還可送點「經」，就是一張小黃紙，當然這小黃紙是經過處理的。燃點這些就是送神，最後吹滅蠟燭。祭神儀式結束。

接下來便是祭祀祖先，俗稱「祝饗」。一般要分兩桌或三桌分次進行。不管祭神還是祭祖，都是請客吃飯，除了酒肉招待，最後都還要送個「紅包」。祭祀是雅稱，民間的俗稱只一個字：「請」。

祭神是請菩薩請土地，祝饗是請祖先。祝饗一般不要大塊肉，整隻雞，只要炒六個菜就可以了。祝饗桌子兩旁置放的酒盅數目，每戶人家並不相同。數目決定請客的人數多少，那大都是由上輩的老人交代下來的。整體來說，祝饗較之請菩薩可以隨便一點，但供的飯仍需用「原生飯」，即開鍋後首次盛起來的飯。

封建時代，上供品、放祭具等還不許不乾淨的婦女觸碰，例如未滿月的產婦，甚至嫁過兩個丈夫女人。祥林嫂的最後精神崩潰就在於魯四老爺家祭祖時她去拿酒杯，被四嬸「你放著吧！」一聲喝住。一個小細節就顯出舊禮教隱含著的精神殺人的凶殘。

春節拜年和送禮

拜年是中國民間的傳統習俗，是人們辭舊迎新、相互表達美好祝願的一種方式。我們通常知道的是正月初一家長帶領小輩出門謁見親戚、朋友、尊長，以吉祥語向對方祝頌新年，卑幼者必須叩頭致禮，謂之「拜年」。主人家則以點心、糖食、紅包(壓歲錢)熱情款待之。

至於送禮，《後漢書·梁冀傳》就記載「客到門不得通，皆請謝門者，門者累千金。」的盛況。可見，古代送禮之風早已盛行。周暉的《金陵瑣事》有段文字詳細記載了明朝萬曆時期送禮場面之壯觀：周暉除夕前一天出外訪客時，走到南京橋內，只見中城兵馬司衙門前聚集了一支浩浩蕩蕩的隊伍，每人手捧食盒，竟使道路堵塞。原來這些人都是來送禮的。明朝的中城兵馬司，只是負責管理城區安全和衛生的官員，級別不算高，也有這麼多人送禮，官大的就更不用說了。

大宗送禮是元旦之前就要辦完的事情，下屬給上司送，地方官給京官送，同僚互送，同年、同鄉互相送。有實權的大官小官，自然盆滿缽滿，但剩下窮京官，也得撈點餘瀝，所謂冰敬、炭敬，過年時候，來就是炭敬。

因此，過年對於中國人來說，大抵要忙活兩個月，年前一個月忙著送，年後一個月忙著吃和送。

別人都可以歇著，唯獨商家歇不得。鋪子裡夥計，大抵只能在年三十夜裡歇一下，大夥一起吃頓年夜飯，頭頓餃子還不能煮好，非得把所有餃子煮得開了包，俗稱「掙了」才行，圖個口彩。年前人們忙送禮，商家忙出貨。古代人沒有今人那麼精明，預備禮品也無非是合理搭配，看上去順眼，過去有種點心匣子，裡面各種點心都有點，年節老百姓拎著到處送，有時候，一個匣子轉了一圈，又回來了。官員送禮不會這樣寒酸，即使送物品，大抵為稀奇珍寶，比如鹿脯、飛龍什麼。一般是直接送銀子，清代已經有錢莊了，一張銀票就夠了。

鬧元宵

正月是農曆的元月，古人稱夜為「宵」，而十五日又是一年中第一個月圓之夜，所以稱正月十五為元宵節，又稱為小正月、元夕或燈節，是春節之後的第一個重要節日。

元宵賞燈始於東漢明帝時期，明帝提倡佛教，聽說佛教有正月十五僧人觀佛舍利、點燈敬佛的做法，就命令這一天夜晚在皇宮和寺廟裡點燈敬佛，令士族庶民都掛燈。以後這種佛教禮儀節日逐漸形成民間盛大的節日。該節經歷了由宮廷到民間，由中原到全國的發展過程。

元宵節的節俗活動講究一個「鬧」字，首先就是花燈，與春節相接，白晝為市，熱鬧非凡，夜間燃燈，蔚為壯觀。特別是那精巧、多彩的燈火，更使其成為春節期間娛樂活動的高潮。至清代，又增加了舞龍、舞獅、跑旱船、踩高蹺、扭秧歌等「百戲」內容。

燈籠與神有關，所以也賦予很多象徵意義。

「放天燈」，天燈又稱為孔明燈，也被公認為熱氣球的始祖。來由是過去人們在躲避盜匪侵襲而四散逃逸之後，以燃放天燈為互報平安的訊號。由於避難回家的日子正是元宵節，從此以後，每年這一天，人們便以放天燈的儀式來慶祝，所以又稱天燈為「祈福燈」或「平安燈」，其後逐漸演變為向上天祈福許願的民俗活動。天燈上寫滿了心裡的各種祈願，希望天燈能上達天庭，帶給人無限的希望和光明。

元宵節花燈種類甚多，或是仿照事物的形象編制的形象燈，如龍燈、虎燈、兔燈等，或是根據民間故事編制而成的活動燈，如牛郎織女、二十四孝等，表現忠孝節義的民族精神。各種花燈製作工巧，一展工匠的智慧和技能。

隨著時代的發展，元宵燈節辦得越來越盛大，燈節的時間也越來越長。唐代的燈會是上元前後各一日，三天；宋代又在十六之後加了兩日，為五天；明代則延長到由初八到十八，整整十天。

因為燈期不同，所以最初張燈的那天叫「試燈」，十五這天叫「正燈」，最末一天叫「殘燈」「闌燈」，也有叫「神燈」、「人燈」、「鬼燈」之說。十四日夜為「神燈」，放於家中神位、宗祠前，以祭神明先祖；十五日夜叫「人燈」，放在門窗、床第、几案等處，用來避除蠍蟲；十六日夜為「鬼燈」，放在丘墓、原野，為了遊魂得到可以脫離鬼域。

「一曲笙歌春如海，千門燈火夜似晝」。歷代文人墨客讚美元宵花燈的詩句數不勝數，如今讀來仍趣味無窮。

值得稱道的，還應首推唐代詩人崔液的《上元夜》：「玉漏銅壺且莫催，鐵關金鎖徹明開；誰家見月能閒坐，何處聞燈不看來。」這裡雖沒有正面描寫元宵盛況，卻蘊涵著十分歡樂愉悅、熱烈熙攘的場景。

宋代的元宵夜更是盛況空前，燈市更為壯觀。蘇東坡有詩云：「燈火家家有，笙歌處處樓。」范成大也有詩寫道：「吳臺今古繁華地，偏愛元宵影燈戲。」詩中的「影燈」即是「走馬燈」。大詞人辛棄疾曾有一闕千古傳誦的頌元宵盛況之詞：「東風夜放花千樹，更吹落，花如雨。寶馬雕車香滿路。鳳簫聲動，玉壺光轉，一夜魚龍舞。」

明代唐伯虎曾賦詩盛讚元宵節，把人們帶進迷人的元宵之夜。詩曰：「有燈無月不誤人，有月無燈不算春。春到人間人似玉，燈燒月下月似銀。滿街珠翠遊春女，沸地笙歌賽社神。不展芳樽開口笑，如何消得此良辰。」

清代詩人姚元之寫的《詠元宵節》詩：「花間蜂蝶趁喜狂，寶馬香車夜正長。十二樓前燈似火，四平街外月如霜。」更是生動、精彩別緻。

充滿詩情和浪漫色彩的元宵節往往與愛情連在一起。歷代詩詞中，就有不少詩篇借元宵抒發愛慕之情。北宋歐陽修詞：「今年元夜時，月與燈依舊；不見去年人，淚滿春衫袖。」抒寫了對情人的思念之苦。

元宵節是一個浪漫的節日，元宵燈會在封建的傳統社會中給未婚男女相識提供了一個機會，社會的年輕女孩不允許出外自由活動，但過節卻可以結伴出來遊玩，賞花燈正好是一個交誼的機會，男女藉著賞花燈順便為自己物色對象。元宵燈節期間，是男女青年與情人相會的時機，所以說元宵節也是中國的「情人節」。

古往今來，不僅有大量膾炙人口的元宵詠燈詩，而且也留下了無數情趣盎然的元宵吟燈聯。

南宋末年，南宋有個叫賈似道的人鎮守淮陰（今揚州）時，有一年上元燈節張燈，門客中有人摘唐詩詩句作門燈聯「天下三分明月夜，揚州十里小紅樓。」據說，此聯為中國最早的燈聯。此後歷代都有人爭相效仿，在大門或顯眼的柱子鑲掛壁燈聯、門燈聯，不僅為元宵佳節增添了節日情趣，也為賞燈的人們增加了欣賞的內容。

被稱為「父子雙學士，老小二宰相」的清代安徽桐城人張英、張廷玉，皆能詩善對。有一年元宵佳節，張府照例張燈掛綵，燃放鞭炮。老宰相出聯試子「高燒紅燭映長天，亮，光鋪滿地。」小廷玉思索時聽到門外一聲花炮響，頓時領悟，對曰「低點花炮震大地，響，氣吐沖天。」對仗工整，天衣無縫，堪稱妙對。

最為人津津樂道的恐怕是北宋王安石妙聯為媒的故事了。王安石二十歲時赴京趕考，元宵節路過某地，邊走邊賞燈，見一大戶人家高懸走馬燈，燈下懸一上聯，徵對招親。聯曰：「走馬燈，燈走馬，燈熄馬停步。」王安石見了，一時對答不出，便默記心中。到了京城，主考官以隨風飄動的飛虎旗出對：「飛虎旗，旗飛虎，旗卷虎藏身。」王安石即以招親聯應對出，被取為進士。歸鄉路過那戶人家，聞知指親聯仍無人對出，便以主考官的出聯回對，被招為快婿。一副巧合對聯，竟成就了王安石兩大喜事。

燈謎在春秋時代就有，那時叫「隱語」，到漢魏時才開始稱為「謎」，南宋時有人將謎語寫在燈上，在上元節讓人猜燈謎。南宋後，賞花燈、猜燈謎讓元宵節的氣氛熱鬧而溫馨。由於燈謎都難以猜中，如同老虎難以被射中一樣，所以也稱為「燈虎」（也叫文虎）。傳統燈謎的製作講求一定的格式，需運用巧思才可以製出十分高妙的燈謎，是中國獨創的文學藝術。

傳說有一年元宵節，乾隆皇帝帶著一群文武大臣，興致勃勃前去觀看燈會。左看各種燈籠五顏六色，美不勝收；右瞧各種燈籠別緻風趣，耐人尋味，一時興起，乾隆皇帝讓陪他的大臣們也出謎聯，讓大家猜一猜。大學士紀曉嵐稍思片刻，就揮筆在宮燈上寫了一副對聯：

「黑不是，白不是，紅黃更不是。和狐狼貓狗彷彿，既非家畜，又非野獸。詩不是，詞不是，《論語》也不是。對東西南北模糊，雖為短品，也是妙文。」乾隆皇帝看了冥思苦想，文武大臣一個個抓耳撓腮，怎麼也猜不出來，最後還是紀曉嵐自己揭了謎底：猜謎。

耍龍燈，也稱舞龍燈或龍舞。它的起源可以追溯上古時代。傳說，早在黃帝時期，在一種《清角》的大型歌舞中，就出現過由人扮演的龍頭鳥身的形象，其後又編排了六條蛟龍互相穿插的舞蹈場面。見於文字記載的龍舞，是漢代張衡的《西京賦》，作者在百戲的鋪敘中對龍舞作了生動的描繪。而據《隋書·音樂志》記載，隋煬帝時，類似百戲中龍舞表演的《黃龍變》也非常精彩，龍舞流行於中國很多地方。中華民族崇尚龍，把龍作為吉祥的象徵。

踩高蹺是民間盛行的一種群眾性技藝表演。高蹺本屬中國古代百戲之一種，早在春秋時已經出現。中國最早介紹高蹺的是《列子·說符》：「宋有蘭子者，以技幹宋元。宋元召而使見其技。」

舞獅子是中國優秀的民間藝術，每逢元宵佳節或集會慶典，民間都以獅舞助興。這一習俗起源於三國時期，南北朝時開始流行，至今已有一千多年的歷史。

舞獅子始於魏晉，盛於唐，又稱「獅子舞」、「太平樂」，一般由三人完成，二人裝扮成獅子，一人充當獅頭，一人充當獅身和後腳；第三人當引獅人。舞法上又有文武之分，文舞表現獅子的溫馴，有抖毛、打滾等動作，武獅表現獅子的凶猛，有騰躍、蹬高、滾綵球等動作。

劃旱船，民間傳說是為了紀念治水有功的大禹。劃旱船也稱跑旱船，就是在陸地上模仿船行功作，表演跑旱船的大多是姑娘。旱船不是真船，多用兩片薄板，鋸成船形，以竹木紮成，再蒙以彩布，套繫在姑娘的腰間，如同坐於船中一樣，手裡拿著槳，做劃行的姿勢，一面跑，一面唱些地方小調，邊歌邊舞，這就是劃旱船了。有時還另有一男子扮成坐船的船客，搭檔著表演，則多半扮成丑角，以各種滑稽的動作來逗觀眾歡樂。劃旱船流行於中國很多地區。

「元宵」作為食品，在中國也由來已久。宋代，民間即流行一種元宵節吃的新奇食品。這種食品，最早叫「浮元子」，後稱「元宵」，生意人還美其名曰「元寶」。古時「元宵」價格比較貴，有一首詩說：「貴客鉤簾看御街，市中珍品一時來。簾前花架無路行，不得金錢不得回。」

元宵是以白糖、玫瑰、芝麻、豆沙、黃桂、核桃仁、果仁、棗泥等為餡，用糯米粉包成圓形，風味各異。元宵可湯煮、油炸、蒸食，有團圓美滿之意。陝西的湯圓不是包的，而是在糯米粉中「滾」成的，或煮或油炸，熱熱火火，團團圓圓。

逐鼠，這項活動主要是對養蠶人家所說的。因為老鼠常在夜裡把蠶大片大片地吃掉，人們聽說正月十五用米粥喂老鼠，它就可以不吃蠶了。於是，這些人家在正月十五熬上一大鍋黏糊糊的粥，有的還在上面蓋上一層肉，將粥用碗盛好，放到老鼠出沒的頂棚、牆角，邊放嘴裡邊唸唸有詞，詛咒老鼠再吃蠶寶寶就不得好死。

送孩兒燈，簡稱「送燈」，也稱「送花燈」等，即在元宵節前，娘家送花燈給新嫁女兒家，或一般親友送給新婚不育之家，以求添丁吉兆，因為「燈」與「丁」諧音。這一習俗許多地方都有，古時一般是正月初八到十五期間送燈，頭年送大宮燈一對、有彩畫的玻璃燈一對，希望女兒婚後吉星高照、早生麟子；如女兒懷孕，則除大宮燈外，還要送一兩對小燈籠，祝願女兒孕期平安。

紫姑也叫戚姑，北方多稱廁姑、坑三姑。古代民間習俗正月十五要迎廁神紫姑而祭，占卜蠶桑，並占眾事。傳說紫姑本為人家小妾，為大婦所妒，正月十五被害死廁間，成為廁神。每到迎紫姑這一天夜晚，人們用稻草、布頭等紮成真人大小的紫姑肖像，與夜間在廁所間豬欄迎而祀之。此俗流行於南北各地，早在南北朝時期就見於記載。

「走百病」，也叫遊百病，散百病，烤百病，走橋等，是一種消災祈健康的活動。元宵節夜婦女相約出遊，結伴而行，見橋必過，認為這樣能祛病延年。

走百病是明清以來北方的風俗，有的在十五日，但多在十六日進行。這天婦女們穿著節日盛裝，成群結隊走出家門，走橋渡危，登城，摸釘求子，直到夜半，始歸。

關於元宵節還有許多美好的傳說。其中有一個傳說把元宵與袁世凱連繫了起來，說竊國大盜袁世凱篡奪了辛亥革命成果後，一心想復闢登基當皇帝，又怕人民反對，終日提心吊膽。一天，他聽到街上賣元宵的人拉長了嗓子在喊：「元——宵。」覺得「元宵」兩字諧音「袁消」，有袁世凱被消滅之嫌，聯想到自己的命運，於是在一九一三年元宵節前，下令禁止稱「元宵」，只能稱「湯圓」或「粉果」。然而，「元宵」兩字並沒有因他的意志而取消，老百姓不買他的帳，照樣在民間流傳。

第四節　餐桌上的講究——禮尚規矩

早在戰國時代就有「食不語，寢不言」的說法。更早的《禮記》記述了孔子的話：「夫禮之初，始於飲食」（飲食禮儀是一切禮儀制度的基礎），直白地說就是「講文明、有禮貌，從吃飯做起」。

古人一日兩餐，早餐曰「朝食」、「饔」，上午九點左右；晚餐曰「哺食」、「飧」，下午四點左右。故古人吃不上飯，常會說「饔飧不繼」；而饔飧連稱，又可指一天的飲食。如《孟子．滕文公上》：「賢者與民並耕而食，饔飧而治。」

古代宴會上常會有酒，這是因為酒能成禮，即酒可以作為某些禮儀的文化載體。元代以前的酒主要是黃酒，而不是燒酒。李時珍《本草綱目》雲：「燒酒非古法也，自元時始創。其法用濃酒和糟入蒸，令氣上，用器承取滴露。……其清如水，味極濃烈，蓋酒露也。」所以，無論孔夫子「唯酒無量，不及亂」（《論語．鄉黨》）的酒，還是劉邦回鄉「置酒高歌」的酒，抑或蘇軾「把酒問青天」的酒，都是黃酒。

古人飲酒是有節制的，正如諸葛亮在《又誡子書》中所說：「夫酒之設，合禮致情，適體歸性，禮終而退，此和之至也。主意未殫，賓有餘倦，可以至醉，無致迷亂。」可見，古人宴會上飲酒主要是為了「合禮致情」。

古人席地而坐，最初食器放在席上，故曰「赴席」。現在所說的宴席或酒席，其實古代稱「筵席」，古人席地而坐，筵和席都是宴飲時鋪在地上的坐具。筵長、席短。《禮記‧樂記》、《史記‧樂書》記述了古代「鋪筵席，陳尊俎」的設筵情況。

筵席發展到後來就有了「案」，即一種託盤樣的小桌，食器放在案上，再擺到席上，故有「舉案齊眉」的佳話(漢梁鴻妻孟光)。漢代以後胡床傳入中國，國人才逐漸不席地而坐。胡床又稱交椅，即馬扎。南宋以後，交椅底下固定，後有靠背，兩邊有扶手，才漸漸演變為太師椅。漢代以前中國人是分餐制，有了胡床、圓桌後才出現了聚餐。

飯前禮

古代沒有我們今天這樣的板凳，高腳板凳的使用大概要到南北朝時期，還是從北方的少數民族那裡傳過來的。古人席地而跪坐，如今日本、韓國尚有這種遺風。所謂的跪坐，是指雙腿跪地，臀部坐於腳跟。挺身時動作叫做跽。鴻門宴中，樊噲衝進宴會的時候，項羽立刻跽坐，是帶有防衛的意思。

因為要布席而坐，所以要脫鞋，以免弄髒了蓆子，但例外的是行祭禮和宴飲，此種場合不宜脫鞋。平時聊天閒居的時候，無論在堂上還是在室中，都得脫履，連君主也不例外。如果是在室內活動。那麼要在門外脫鞋，只有身分尊貴的人可以在門內脫鞋；如果是在堂上活動，那麼就應該在階下脫鞋，也只有尊者可以在堂上脫鞋。

古人認為，飯前洗手是對主人和客人的尊重，是必須要做的。按照禮書的記載，古代洗手方式有兩種，其一為在堂的東階前東南處，那裡放著盛水的器皿，叫做罍，罍裡面放著一個勺，叫做，是用來舀水的。另外，旁邊還有一個器皿，叫做洗，是用來接洗手之水的，簡單地說就是用舀水淋洗，而不是像今天把手直接放在盆裡。這種方式是一個人自行解決的。

還有一種方式，流程與此相同，只是舀水是別人來幫助你，這個時候所用器皿的名稱也變了，盛水的叫做匜，下邊接水的叫做盤，沒有料之類的東西，侍者直接擔著匜淋洗就行了。如此看來，當時人們還是相當講究衛生的。

飯中的禮

在用飯過程中，也有一套繁文縟禮。

在開飯之前入座時，晚輩要坐得比尊者長者靠後一些，以示對長輩的謙恭。進食時要儘量坐得靠前一些，身體往前傾，靠近擺放食品的食案，以免不慎掉落的食物弄髒了座席。另外，這樣做也方便取食。

吃的東西端上來的時候，客人要起立，一是表示對主人的尊敬，二是也方便看清楚上的什麼菜。主人讓食要熱情取用，不吃就是對主人的不禮貌，這個時候臉上最好帶上親切自然的微笑，同時道謝，以示對主人熱情款待的感謝。

如果客人的地位低於主人，客人必須雙手端著食物向主人致謝，等主人寒暄之後再坐下。同時要注意應該等主人先落座之後客人才能落座。

吃飯之前主人要引導客人祭祈，食祭於案，酒祭於地，先吃什麼就先用什麼行祭，按進食的順序遍祭。

所謂「三飯」，指一般的客人吃三小碗飯後便說飽了，須主人勸讓才開始吃肉。宴飲將近結束，主人不能先吃完而撇下客人，要等客人食畢才停止進食。「客不虛口」，虛口指以酒漿盪口，使清潔安食。如果主人進食未畢而客自虛口，便是不恭。

宴飲完畢，客人自己須跪立在食案前，整理好自己所用的餐具及剩下的食物，交給主人的僕從。待主人說不必客人親自動手，客人才住手，復又坐下。

在用飯的過程中，還規定了如下禮儀：

「共食不飽」：即同別人一起進食，不能吃得過飽，要注意謙讓，另外吃得太飽對身體也不好。

「共飯不擇手」，指同器食飯時，不可用手。食飯本來一般也是用匙，用手既不衛生也不文明。

「毋摶飯」：吃飯時不可摶飯成大團，大口大口地吃，這樣有爭飽之嫌，而且吃相不雅觀。

「毋放飯」：要入口的飯，不能再放回飯器中，別人會感到不衛生。

「毋流歠」：不要長飲大嚼，讓人覺得你是怕別人搶菜，想快吃多吃，好像家裡窮從來沒吃過這些東西似的。

「毋詫食」：咀嚼時不要讓舌在口中作出響聲，不然主人會覺得你是對他的飯食表現不滿意。

「毋嚙骨」：不要專意去啃骨頭，這樣容易發出不中聽令人不快的聲響，而且像狗一樣啃骨頭給人以粗俗、沒教養的不好影響。

「毋反魚肉」：自己吃過的魚肉，不要再放回去，應當接著吃完。如果魚是放在餐盤上，則應該先把自己動手夾過的魚吃完，再夾另外的魚肉。

「毋投於狗骨」：客人自己不要啃骨頭，也不能把骨頭扔給狗去啃。自己不吃的菜也不能丟給狗吃。

「毋固獲」：不要老吃自己喜歡吃的那一道菜，或者和別人爭著搶著去吃，有貪吃之嫌。

「毋揚飯」：不要為了能吃得快些，就用食具揚起飯粒以散去熱氣，萬一把熱氣吹到主人臉上，對主人是不敬的。

「飯黍毋以箸」：吃黍飯不要用筷子，但也不是提倡直接用手抓。食飯必得用匙。筷子是專用於食羹中之菜的，不有混用。這一點和現在的習慣不大相同。

「羹之有菜者用梜，無菜者不用梜」：梜即是筷子。羹中有菜，用筷子取食。如果無菜筷子就派不上用場，直飲即可。

「毋嚃羹」：飲用肉羹，不可過快，不能出大聲。有菜必須用筷子夾取，不可直接用嘴汲取。

「無絮羹」：客人不能自己動手重新調和羹味，否則不僅會給人留下自我表現的印象，顯得自己更精於烹調，也是表示對主人飯菜的不滿。

「毋刺齒」：進食時不要隨意不加掩飾地大剔牙齒，如齒塞，一定要等到飯後再剔。

「毋翳酉」：不要直接端起調味醬便喝。酉是比較鹹的，用於調味，不是直接飲用的。不然大家都以為你是傻瓜。

「濡肉齒決，乾肉不齒決」：溼軟的燒肉燉肉，可直接用牙齒咬斷，不必用手去擘；而乾肉則不能直接用牙去咬斷，須用刀匕幫忙。

「毋嘬炙」：大塊的烤肉和烤肉串，不要一口吃下去，如此塞滿口腔，不及細嚼，狼吞虎嚥，儀態不佳。

「當食不嘆」：吃飯的時候不要唉聲嘆氣，打攪其他人的興致。

「唯食忘憂」：吃飯就是吃飯，把一切煩惱憂愁通通拋開，專心食用飯菜，吃飽了才能有精力操勞其他事情。

在中國古代，對人吃飯飲食的禮節要求是十分嚴格的。它被看做是一個人身分、地位、品格的象徵，並透過其來進行地位等級的區別。

古代宴席上的禮儀

宴會在賓禮活動中占有相當重要的地位，也是人際交往的重要手段。因此宴會也不侷限於賓禮活動中，《儀禮》中就有「鄉飲酒禮」、「燕禮」、「公食大夫禮」，都是指不同宴會的場閤中所應遵從的禮節。其實，只要有宴會的場合都會有禮節的存在。

說到宴會，恐怕最重要的禮數要數迎送和座次了，相當繁瑣，其原因大概是因為古人特別講尊卑之別造成的。

座位的安排，在古代叫向位之儀，向指的是人和物之所向，即向東還是向西；位指人和物所在位置。顯然，二者是連繫在一起的，如帝王坐北朝南。

應該指出的是，尊卑之別只是向位之儀的一個方面，向位之儀還涉及人鬼、男女、吉凶等。古代的向位不是隨便安排的，它的根據就是陰陽。東、南、左為陽；西、北、右為陰。人以陽為貴，神鬼以陰為上。行禮時候堂上設席，神以西為上，人以東為上。如果座席是東向或西向的話，神應該以南為貴，人則以北為貴。

站的位置也是這樣，如果是東西向，北邊為上；如果南北向，東邊為上。吉事尚陽位，凶事尚陰位。男女同處時，男人在左，女人在右，也是用陰陽來分別的。現在算命看手相，還是男左女右，可見這種傳統淵源之久。用於國政，則文事尚左，武事尚右。

就迎賓之禮來說，如果主人與客人的地位尊卑相同的話，那麼他要到大門外邊去迎接；如果主人身分要尊於客人的話，那麼他就應該在門內迎接。

如果是君臣之間，那麼他們都只需求站在房屋門口的臺階上，君主要在這裡，臣子還要向臺階下降一級。

古代的房屋都是建在臺上的，出門就有臺階，像故宮內的房子都保留了這個習慣。其實故宮就是一個放大的標準庭院，午門就是大門，太和殿就是房屋。跟我們平常說的大門不完全相同。如果客人是不請自到，那麼他到大門的時候要「請事」，然後主人才好迎接。

進門的時候也有禮節，賓客要從左邊的門進，主人則從右邊的門進，要讓主人先進門。如果是大臣見了帝王，則應從右門進，意思是臣子不能以賓客的身分自居，因為凡賓客都是要受到尊敬的，而帝王的情況是最特殊的，「率土之濱，莫非王臣」，只有臣子尊敬主子的分兒。

進門後還有「三揖」的禮節，即曲揖、北面揖和當碑揖。《儀禮．士昏禮》中說「揖入，至於廟門，揖入，三揖，至於階三讓。」這裡出現了一個廟門的詞。古代正式的會見是在宗廟中的，這是庭院最尊崇的地方，供奉著祖先，凡家族最重要的活動都會在這裡舉行，也相當於一家之公共場所。後來演變為正屋，祠堂則另闢地方。所謂的三讓是指到廟門之前的臺階時，要相互謙讓三次。之後，如果尊卑相同時，則要一起上，如果尊卑有別，則尊者先。

吃飯喝酒，主人要先向賓客進酒，這叫做獻；客人還敬主人之酒，這叫做酢；主人此時要先自飲，然後勸客人飲，這叫做酬。在飲禮的第一獻之後，主人要送禮物給客人，以勸酒，謂之酬幣，這是飲酒禮。

還有類似的食禮，在食禮的初食之後，主人也要送禮物，以勸食，叫做侑幣。禮物是束帛乘馬。天子舉行宴會饗諸侯，有九獻、七獻、五獻，卿大夫士行禮，有三獻、一獻。正獻之後，眾賓客按照長幼的次序相酬，這叫做旅酬。旅酬之後大家就不用再過於客套了，這叫做無算爵。與此配合的音樂叫做無算樂。吃飯用手，手抓一次叫做一飯，剛開始吃三飯，三飯之後王公會賞賜一些東西，這就是侑幣。然後吃九飯，每三飯之後要喝酒或羹湯，最終一次後要用酒或者漿漱口。

送客的禮數就沒有這麼繁瑣了，主人送於門外，要拜兩次，客人不需求答拜，離開就行了，客人離開前行時，不應該回頭。

第五節　婚嫁中的典故——禮尚姻緣

婚齡

古人是主張晚婚的，認為一定要等性功能健全和發育成熟才能結婚。《黃帝內經．素問．上古天真論》說：女子二七天癸至，即十四歲始來月經；男子二八天癸至，即十六歲才開始遺精，如果這時「陰陽和」（即性交），則可能有子。但是這時性功能並未完全發育成熟，還沒有進入合適的婚齡。女子要等到三七二十一歲，始能「腎氣平均，故真牙生生而長極」；男子要等到三八二十四歲，才能「腎氣平均，筋骨勁強，故真牙生而長極」。

所謂「腎氣平均」，就是指性器官和性功能得到了均衡、正常的發展，性器官和性功能都比較成熟；所謂「真牙生而長極」，指人的最後一顆牙齒「盡頭牙」長出，也表示人的身體已完全發育成熟。這一思想對後世影響很大，許多古代書籍中都提出過這個問題，在漢代與魏晉南北朝的許多學術書籍及醫書中也強調這一點。

但是，到了漢朝，這「男子三十而娶，女子二十而嫁」的理論在實踐中受到了一些衝擊，有些行不通了。例如《論衡．齊世篇》中說：「《禮》雖言男三十而娶，女二十而嫁，法制張設，未必舉行。何以效之，以今不奉行也。」這種狀況和封建社會的發展有很大關係。

在封建社會中，以一家一戶為生產單位，男子早娶則家中較早地增添勞動力，對發展一家一戶的生產有好處；另外，封建的宗法制度十分重視子嗣，早娶則可能早得子、早得福。所以，雖然有些有識之士反對這種早婚現象，但收效不大。

漢代早婚現象的興起，王室與民間皆然。查考《漢書》、《後漢書》，男子從十五歲至十八歲初婚者都有。如靈帝於建寧元年即位，年十二，結婚時年十五。桓帝是十五歲即位的，結婚那年為十六歲。

查考《漢書》、《後漢書》，女子出嫁從十三歲到十九歲的都有。古人所統計的年齡，按中國舊俗為虛歲，即剛誕生就算一歲，誕生滿一年即為兩歲，所以實足年齡比上述的還要減去一歲。

男子相配，大多以男稍長於女為常。《漢書．外戚．孝昭上官後傳》上說：「昭帝始立，年八歲，安女入為婕妤，月餘，遂立為皇后，年甫六歲。」這兩段是說明了男女相差兩歲，是為「相配」。民間也是如此。

婚姻途徑

在秦、漢、魏、晉、南北朝這一時期，由於距上古時期還不算很遠，男婚女嫁還有一定的自主權，但父母之命已日益加強，夏、商、周時代那種在有的節日裡「奔者不禁」之俗在漢民族中已基本絕跡了。《漢書》與《後漢書》上記載了這樣幾件事：《漢書・張耳傳》：「外黃富人女甚美，庸奴其夫，亡邸父客。父客謂曰：『必欲求賢夫，從張耳。』女聽，請決嫁之。女家厚俸給耳。」《後漢書・梁鴻傳》：「同縣孟氏有女，狀肥醜而黑，力舉石臼，擇對不嫁。至年三十，父母問其故，女曰：『欲得賢如梁伯鸞者。』鴻聞而聘之。」在以上兩個例子中，外黃富人之女儘管是他人建議，自己決定，但總是表明了對婚姻有一定的自主權。孟光之嫁梁鴻，不唯有眼光，而且是完全自主的。這種自主程度在宋、明以後很少見了，即使有，也會受社會打擊，被斥為「放蕩」、「不規」、「有悖禮法」，而在漢代，還是時人異之，時人賢之的。

從秦、漢起，婚姻已逐漸由父母決定。

有時，長輩對子女親事的看法有矛盾，但歸根到底，兒女親事還是取決於長輩。

漢高祖劉邦當初娶呂后，也有類似情況。呂后的父親呂公看到劉邦的相貌，很敬重劉邦，說自己相人多了，沒有人能及得上劉邦，要把女兒嫁給他。可是妻子呂媼發火了，她責問呂公說：「你一直說我們的女兒要嫁個貴人，沛縣縣令來求婚，你都不同意，怎麼許給了劉邦這個小子？」呂公說：「這種事女人不懂。」結果還是將女兒嫁給了劉邦。

古代男女的婚姻有時還會由別的親屬插手介入決定，當然這種親屬要比父母更權威。例如漢朝的陳平年輕時娶不起妻，戶牖有個富人叫張負的，在一次偶然的機會見到陳平，感到陳平相貌很好，氣度也了不起，於是就要把孫女許給他。這個孫女命不好，嫁一個丈夫死一個丈夫，共五次。可是，張負的兒子不同意把自己的女兒嫁給陳平，說陳平窮，又不幹什麼正事，縣裡不少人看不起他，為什麼要把女兒嫁給他。但是張負認為此人不會沒出息，最後還是把孫女許配給了陳平。

如果婚姻不透過父母，或不從父母命，那麼父母是十分生氣的。漢朝的司馬相如和卓文君的事就是如此。臨邛的大富豪卓王孫有次宴請賓客，司馬相如應邀出席，在席間弄琴。卓王孫新寡的女兒文君偷偷地從窗縫看司馬相如，十分傾心，於是在夜裡跑到司馬相如處，兩人私奔至司馬相如的故鄉成鄉。司馬相如家境貧窮，徒立四壁。卓王孫為此事大怒，說：「這個女兒這麼沒出息，我不忍心殺她，但一分錢也不能給！」人們勸他，他終不聽。

無論是男女自行擇偶，還是父母決定，選擇的標準有哪些呢？男方擇婦，一是看重形象，當然所謂形象不光是美。漢朝有個有名的循吏黃霸，「少為陽夏遊徼，與善相人者共載出，見一婦人。相者言：『此婦人當富貴，不然，相書不可用也！』霸推問之，乃其鄉里巫家女也。霸即取為妻，與之終身。」

二是看中女方的才。《華陽國志》卷十中說了這麼一件事：「陽姬，武陽人也，生自寒微，父坐事閉獄。楊渙始為尚書郎，告歸，郡縣敬重之。姬為處女，乃邀道扣渙馬訟父罪，言辭慷慨涕泣。渙愍告郡縣，為出妻父，因奇其才，為子文方聘之。」

三是看中女方的門第，如《漢書．董賢傳》說：「王閎妻父蕭鹹，前將軍望之子也，久為郡守，病免為中郎將，兄弟並列。賢父恭慕之，欲與結婚姻。」還有貪慕女方家財的，如前面引述的陳平娶妻的事就是如此，陳平為什麼接受張負這個守寡五次、人們都不敢娶的孫女呢？後人說是貪圖岳家多財。

女家擇婿，第一也是看男方形象，如呂公之看劉邦，張負之看陳平都是如此。

第二是重男方之賢與才，古人對此是十分重視的，史書所載甚多，如《漢書．張耳傳》：「父客曰：『必欲求賢夫，從張耳。』」、《後漢書．公孫瓚傳》：「瓚為人美姿貌，大音聲，言事辯慧，太守奇其才，以女妻之。」、《後漢書·列女傳》：「勃海鮑宣妻者，桓氏之女也，字少君。宣嘗就少君父學，父奇其清苦，故以女妻之。」當然，少君之父是看中了鮑宣貧而好學，有志。

許多古人惜才、愛才，慧眼別具，識人於草莽之中，助人於窮危之際，這種賞識與幫助往往以聯姻的形式出現，即便以今天的眼光來看，也沒有什麼不好。

古代，聯姻還有一些特殊情況，如帶有政治目的，為了某種政治關係而聯姻。《項羽紀》說：「張良出要項伯，項伯即入見沛公，沛公奉卮酒為壽，約為婚姻。」、《後漢書·劉植傳》：「時真定王劉揚起兵以附王郎，眾十餘萬。世祖遣植說揚，揚乃降。世祖因留真定納郭後，後即揚之甥也，故以此結之。」

在秦、漢之際，指腹為婚的事也始見端倪，此風盛行於後世。如《後漢書·賈復傳》：「復兆與五校戰於真定，大破之，復傷創甚。光武大驚，曰：『我所以不令賈復別將者，為其輕敵也。果然失吾名將！聞其婦有孕，生女邪，我子娶之；生男邪，我女嫁之，不令其憂妻子也！』」

多妻和重婚

秦、漢及以後的封建貴族、地主和前世以至封建社會的後世一樣，多妻制頗為盛行，除正妻之外，還有小妾、少婦、傍妻、小婦、妾、下妻、外婦、傅婢、御平等許多名義，而且往往不止一人。當時，如無子則買妾，在民間也是尋常事，如《意林》及《太平御覽》三百八十八又三百二十六引《風俗通》說：「陳留有富室，公年九十無子，取田家女為妾。」

婚姻形式中還有一種值得注意的現象是重親。重親就是婚姻之家再結婚姻，即所謂「親上加親」。重親可分三種：姻家恆為姻家，婚家恆為婚家，還有姻家、婚家互為的情況（指《儀禮士昏禮記》的說法，女氏稱婚，婿氏稱姻）。這種情況，按歷史記載，多實行於王室、貴族，當然民間也有，只是未具體地記載於史。

由於親上加親，就結成了一個個頗為複雜的關係網，其實質是為了雙方在政治上、經濟上相互扶持、相互利用，進一步鞏固雙方的關係。從這也可以看到，在封建社會中，尤其是在統治階級內部，婚姻很少是愛情的結合，往往是以家族利益為前提的。

另外，還有一種值得注意的現象是：周制同姓不婚，而漢朝人結婚似不避同姓。如

《漢書．王訢傳》：「訢薨，子譚嗣。譚薨，子咸嗣。王莽妻即咸女。」由此看來，王莽和其妻是同姓。

絕婚與改嫁改娶

漢代至魏晉南北朝之際，絕婚（即離婚）與改嫁、改娶之事甚多。這種情況比較複雜，從中既可以看到封建禮法與貞節要求的萌始，看到男子以及整個宗法制度對女子的壓迫，又可以看到在絕婚與改嫁改娶方面還是有一定的自由度，這顯然不同於宋、元、明、清等後世。

絕婚的第一種情況是男棄其婦，這樣做有許多原因：

一是無子。「不孝有三，無後為大」，這當然是一件大事。「無子棄，絕世也」，這正是七棄（或七去）之一。

二是口舌之故，即女方說「錯」了什麼話，鬧了些家庭矛盾。例如漢朝的那個陳平，年輕時是個浪蕩子，不事生產，他的嫂嫂看不過去，說了些不好聽的話，如「有叔如此，不如無有」等，陳平之兄知道後，就逐其婦而棄之。

三是盜竊。七棄（或七去）之一是「盜竊棄，反義也」。其實，這種所謂「盜竊」，往往不是什麼大事。如《漢書·王吉傳》：「吉少時學問，居長安，東家有大棗樹，垂吉庭中，吉婦取棗以啖吉，吉後知之，乃去婦。」這棵棗樹是鄰家種的，枝果伸到王吉家來了，王吉的妻子摘了一些給王吉吃，結果王吉為之和她離了婚，這真是視婚姻為草芥，視女子為草芥。

四是女性嫉妒。七棄（或七去）之一是：「嫉妒棄，亂家也。」這樣離婚當然有「充分理由」了。《後漢書·馮衍傳》上說，馮衍娶北地任氏女為妻，任氏女又凶悍、又嫉忌，不許馮衍續媵妾，而且虐待馮衍前妻所生的子女馮豹、馮姜，後來馮衍把她逐出了門。關於這件事，馮衍寫了一封信給任氏女的弟弟任武達，說明原委，這封信在歷史上頗為有名，人們常以此來教育女兒如何事夫，如何恪守婦道。

五是女方德行差。例如《華陽國志·廣漢士女贊》說，有個叫汝敦的人，兄弟住在一起，父母有些遺產，嫂子很想獨占，汝敦的妻子很賢惠，勸汝敦都給他們算了，於是汝敦把田宅、奴婢都給了兄嫂，夫妻倆搬出去住了。有一次汝敦在耕地時挖出了一件金器，妻子勸他送給哥哥，夫妻就一起去了。嫂子見他們來，以為是來借錢的，不給他們好臉色看；後來知道他們來送金器，又高興得手舞足蹈起來。這時，哥哥感悟了，逐出其妻，把家財還給弟弟。從這件事看來，這位嫂子貪心，似乎是個「小人」，但這位哥哥也很差勁，弟弟與家媳讓出父母遺產，他竟也全部接收，不以為愧。後來雖然感悟了，為什麼馬上和妻子離婚呢？自己能感悟，為什麼妻子就不能感悟，為什麼不幫助、教育她呢？這又是「兄弟如手足，妻子如衣服」在作怪了。

六是女方不得於父母，即沒有把公婆侍候好，或是公婆對媳婦有偏見。這方面的例子很多。例如，《後漢書．鮑永傳》：「永事後母至孝。妻嘗於母前叱狗，而永即去之。」、《後漢書．列女廣漢姜詩妻傳》上說：「詩事母至孝，妻奉順尤謹。母好飲江水，去舍六七里，妻嘗泝流而汲，後值風，不時得還。母渴，詩責而遣之。」這兩件事都很不講理，鮑永的妻子只是在婆婆面前喝罵了一條狗，就被離棄了。姜詩的妻子更冤，她本來對婆婆很孝，婆婆喜歡喝江水，她常走六七里路去汲江水，有一天颳大風，她沒能及時返回，婆婆口渴了，只是為了這件事，就被離棄了，這是多麼違揹人情、人性的啊。

七是為了一時的政治關係而去其妻。漢朝大將班超就發生了這種事。《後漢書．班超傳》說，當時有個大臣李邑初去於闐，畏敵如虎，又妒班超之功，於是上書皇帝誹謗班超，說班超擁愛妾、抱愛子、享安樂。為此班超捨棄了愛妻。

電子書購買　　爽讀 APP

國家圖書館出版品預行編目資料

生命階段的慶典，禮儀中的歷史與哲學：誕辰 × 成人 × 婚嫁 × 社交 × 教育 × 喪葬，由傳統人生儀式至國家大典禮節，傳統禮儀的全貌 / 單銘磊著 . -- 第一版 . -- 臺北市：崧燁文化事業有限公司 , 2024.03
面；　公分
POD 版
ISBN 978-626-394-076-5(平裝)
1.CST: 民俗 2.CST: 禮儀
538.82　　113002504

生命階段的慶典，禮儀中的歷史與哲學：誕辰 × 成人 × 婚嫁 × 社交 × 教育 × 喪葬，由傳統人生儀式至國家大典禮節，傳統禮儀的全貌

臉書

作　　者：單銘磊
發 行 人：黃振庭
出 版 者：崧燁文化事業有限公司
發 行 者：崧燁文化事業有限公司
E-mail：sonbookservice@gmail.com
粉 絲 頁：https://www.facebook.com/sonbookss/
網　　址：https://sonbook.net/
地　　址：台北市中正區重慶南路一段六十一號八樓 815 室
Rm. 815, 8F., No.61, Sec. 1, Chongqing S. Rd., Zhongzheng Dist., Taipei City 100, Taiwan
電　　話：(02) 2370-3310　　傳　　真：(02) 2388-1990
印　　刷：京峯數位服務有限公司
律師顧問：廣華律師事務所 張珮琦律師

定　　價：350 元
發行日期：2024 年 03 月第一版
◎本書以 POD 印製